# "도와줘요" 엄마, 아빠

## 부모가 읽어야 할 학교폭력
## A to Z

김다희·장권수

박영사

"조금 더 빨리 알았으면 좋았을 텐데요... 너무 아쉬워요."

학교폭력에 연루된 자녀 문제로 어려움을 겪는 많은 부모님들을 만났습니다. 학교폭력 사안처리와 관련된 아주 기본적인 내용만이라도 알고 있었다면 많은 것들이 달라졌을 것 같다는 한숨 섞인 이야기들도 많이 들었습니다.

자녀가 학교폭력의 당사자가 될 수 있다고 생각하며 지내는 부모는 세상 어디에도 없습니다. 하지만 학교폭력은 꼭 뉴스에 보도될 법한 수위 높은 범죄행위에 해당하여야만 성립할 수 있는 것이 아닙니다. 모두는 마음속에 제각각의 적정선을 가지고 있습니다. 어떤 행동에 관하여 누군가는 학교생활에서 충분히 발생할 수 있는 수위의 행동이라고 말하는 반면, 누군가는 어떻게 그런 상처가 되는 행동을 할 수 있느냐고 말합니다.

이렇게 모두의 적정선이 다르기 때문에, '별일 아니라고, 우리 때는 다들 저랬지'라고 생각되는 행동들을 이유로 어떤 아이는 상처를 입기도 하고, 어떤 아이는 가해자로 신고를 당하기도 합니다. 어른들이 미처 짐작하기 어려운 이유들로도 자녀가 학교폭력에 연루되는 일은 얼마든지 발생할 수 있는 것입니다.

피해학생은 더 큰 피해를 막기 위해서라도 빠르게 학교폭력 신고를 해야 합니다. 하지만 학교폭력 신고를 할 수 있는 상황인지를 몰라서, 어떻게 하면 피해를 인정받을 수 있는지를 몰라서 신고 자체를 두려워하는 학생들과 부모님들이 많았습니다. 아주 약간의 조언만 있었더라도 그 고통을 상당 부분 덜어줄 수 있었을 텐데, 안타까운 생각이 들었습니다.

사실이 아닌 일들을 이유로 혹은 일상적인 학교생활 중 충분히 있을 수 있는 수위의 일들만을 이유로 무분별하게 신고를 당한 억울한 학생들도 있었습니다. 신고를 당했다는 사실 자체만으로도 이미 가해자라는 낙인이 찍혀 버려, 정상적인 생활 자체에 어려움을 겪고 있는 학생들이 많았습니다. 너무 억울한데, 어떻게 하면 이 억울함을 벗을 수 있는지를 몰라 답답해하는 학생들과 부모님들께도 도움을 주고 싶었습니다.

학교폭력대책심의위원회의 위원장으로 활동하며 많은 사건들의 학교폭력 여부와 조치처분 수위를 의결해 왔습니다. 피해학생측의 또 가해학생측의 대리인으로서 각각의 입장을 학교폭력대책심의위원회에 대신 전달하고 호소하는 일 또한 많이 담당해 왔습니다. 대형로펌 출신으로 다양한 민·형사, 행정 등 송무를 처리한 경험을 바탕으로 조치처분에 대한 불복절차인 행정심판과 행정소송을 직접 진행해 왔고, 관련 소년재판 등 또한 종합적으로 처리하며 하루 대부분의 시간을 보내고 있습니다.

대한변호사협회의 인증을 받은 학교폭력 전문 변호사는 전국에 30명 남짓입니다. 그중 현재 학교폭력대책심의위원회의 위원장으로 활동하며 직접적으로 사건을 다루고 있는 변호사는 더욱 적은 숫자일 것입니다. 그중 하나인 만큼, 깨달아 알게 된 많은 지식들을 어려움을 겪고 있는 학생과 부모님들께 보다 쉽게 전달하고 나눠야 한다는 무거운 책임감이 있었습니다. 그리고 그 마음을 이 책에 온전히 담았습니다.

　더 늦기 전에, 이 책이 필요한 분들의 손에 닿기를 바라는 마음입니다. 어떻게 해야 할지 몰라 당혹스러운 그 순간에, 가야 할 길을 조금이라도 비춰줄 수 있는 작은 빛이 되기를 소망합니다.

　이 책을 완성할 수 있는 가장 큰 원동력이 되어 준, 김다희 변호사의 딸 라윤이와, 장권수 변호사의 딸 예진이에게 고마운 마음을 전합니다.

2023년 11월
김다희 · 장권수

# 차 례

# 들어가며

# 변호사 엄마

평소 아이를 크게 좋아하는 편은 아니었다. 소리에 민감하다 보니 시끄러운 상황이 힘들었고, 아이는 주로 시끌시끌했기 때문이다. 그런 내가 아이를 낳았다. 마취 때문에 정신이 혼미한 중에도 아이를 보자마자 눈물이 주르륵 흘렀다. 자식이라는 게 앞으로 내 삶에 어떤 의미가 될런지 확실히 알 수는 없었지만, 감동 그 자체라는 사실만은 분명했다.

아이를 낳기 전부터 자녀 문제로 변호사를 찾아온 수많은 의뢰인들을 만났다. 당시 나는 내가 의뢰인들의 마음을 잘 이해하고 있다고 생각했다. 하지만 얼마나 부족한 생각이었는지 이제는 안다. 엄마가 된 지금, 의뢰인들의 마음을 비로소 조금은 알 것 같다.

우연한 기회에 학교폭력대책심의위원회의 위원장으로 위촉되면서 학교폭력 사건을 전문적으로 다루는 학교폭력전문변호사가 되었다. 평소보다 더 많은 부모님들을 만났고, 그들이 흘리는 더 많은 눈물을 보았다.

부모님들의 마음에 공감하고 이를 위로하는 일이야 얼마든지 할 수 있었다. 하지만 이미 벌어진 일들, 수습할 수 없는 상황, 조금만 더 서둘렀더라면 하는 아쉬움들은 나로서도 어찌할 수 없었다. 안타까운 마음이 들었다. 학교폭력 사건에 대한 이해가 조금이라도 더 있었더라면 상황을 더 좋은 방향으로 끌어갈 수 있었을 텐데, 결과가 달라질 수 있었을 텐데 하는 아쉬운 마음 말이다.

내 자녀가 학교폭력이라는 소용돌이에 휘말릴거라고 생각하며 지내는 부모는 당연히 없다. 남의 일이라고만 생각했던 일의 한 가운데 서 있게 되는 것, 또 그 일이 세상에서 가장 사랑하는 내 자녀에 관한 일이라는 것이 학교폭력 사건을 마주한 부모님들이 가장 고통스럽게 생각하는 지점이다. '미리 관심을 가지고 알고 있었어야 했어요. 부모니까요.' 눈물 섞인 말들을 너무나 많이 들었다.

변호사이기 전에 엄마로서, 이런 상황을 계속 그냥 지나치기가 어려웠다. 다른 엄마 또 부모들에게 알릴 수 있으면 좋겠다는 생각이 들었다. 내 아이가 학교폭력 사건에 휘말리게 되었다면, 학교폭력의 피해학생 또는 가해학생이라는 입장에 서게 되었다면 어떻게 행동해야 하는지에 관해서 말이다. 조금이라도 알게 된다면, 어쩌면 상황을 바꿀 수도 있을 테니까.

내가 전하는 이야기들이 작은 표지판이 되었으면 하는 마음이다. 내 자녀를 더 나은 상황으로 향하게 하는, 부모들을 위한 표지판 말이다.

변호사, 엄마로서 그보다 더 보람된 일이 있을까.

# 학교폭력대책심의위원회
# 전(前) 단계

# 장난도 학교폭력?

'그냥 애들끼리 장난 좀 친 건데, 이런 걸로 학교폭력이라뇨.'

사소한 장난 때문에 학교폭력 가해학생으로 지목되어 너무 억울하다고 호소하시는 부모님들이 많이 계신다. 그런데 만약 이런 발언을 학교폭력대 책심의위원회에서 했다면 어땠을까? 자신의 행동을 전혀 반성하지 않는 것으로 평가받아 예상했던 것보다 훨씬 높은 처분을 받는 불이익을 당했을 수도 있다.

'단순한 애들 장난인데 뭘 이렇게까지'라는 생각은 학교폭력 개념에 대한 오해에서 비롯된 것 같다. 그런데 이런 잘못된 생각들은 자칫 아이에 대해 불리하게 작용할 수 있는 발언으로 이어질 수 있다. 이에 이하에서는 학교폭력 개념이 형법상 범죄의 개념과 어떻게 다른지, 장난도 학교폭력으로 인정될 수 있는 것인지에 대해서 이야기해 보려 한다.

우선 학교폭력예방법(학교폭력예방 및 대책에 관한 법률)의 목적에 관해 생각해 볼 필요가 있다. 학교폭력예방법은 피해학생을 보호하고, 가해학생을 선도하는 것을 그 목적으로 하는 법이다. 즉, 죄를 범한 자에게 형벌을 부과하기 위한 형사법과는 그 목적에서부터 다르다. 그래서 학교폭력 신고와 형사상 수사절차는 개별적으로 진행될 수 있고, 종종 학교폭력은 인정되었지만, 수사기관에서는 혐의없음 처분을 받는 등 전혀 다른 결과가 나오기도 한다.

학교폭력 개념은 학교폭력예방법에서 나열하고 있는 폭행, 명예훼손, 모욕, 따돌림 등의 행위에 한정되지 않는다. 위와 유사하거나 동질한 것으로서, '학생의 신체, 정신 또는 재산상 피해를 수반하는 모든 행위'는 학교폭력 개념에 포함되는 것으로 해석하는 것이 실무이다. 즉, 학교폭력에 해당하는지는 형사상 범죄가 성립되는지에 따라 결정되는 것이 아니므로 학생의 보호와 교육 측면에서 형사상 범죄가 되지 않더라도 학교폭력이 성립될 수도 있는 것이다. 쉽게 말해 '학교폭력'은 형사상 범죄와 정확히 일치하는 개념이 아니다.

장난이라면 당연히 서로 용인되거나 즐겁게 느껴져야 할 것이다. 나는 그냥 장난을 친 것이고 상대방의 반응이 즐겁게 느껴졌지만, 상대방은 기분이 나쁘고 심지어 괴롭다는 생각까지 들었다면 이런 행동을 과연 단순 장난으로만 볼 수 있을까? 학교폭력예방법의 목적을 고려했을 때 당연히 그렇지는 않을 것이다.

학교폭력은 형사상 범죄의 개념과 딱 일치하는 것이 아니므로, 범죄에까지는 이르지 않는 수위의 장난일지라도 학교폭력에는 얼마든지 해당될 수 있다. 이런 점을 분명히 알고, 또 생각하여야 한다.

# 학교폭력, 학원에서 벌어져도 학교폭력일까?

나는 형준(가명)이와 사이가 좋지 않다. 내가 무언가 발표를 하면 항상 형준이가 딴지를 걸어 왔기에, 이런 이유로 우리는 몇 번의 말다툼을 한 적도 있다. 나는 학교에서 형준이를 의식한 나머지 점차 발표도 안 하게 되었다.

그러던 어느 날 내가 다니는 영어학원에 형준이가 들어왔다. 형준이는 영어학원에서도 학교에서와 똑같이 딴지를 걸었다. 친구들 앞에서 내 영어발음을 우스꽝스럽게 흉내내며 나를 놀리기 시작한 것이다.

오늘도 형준이는 학원에서 나를 마주치자마자 입술을 씰룩쌜룩거렸다. 심지어 오늘은 아주 작정한 사람 같았다. 일전에 내가 발표하는 모습을 몰래 촬영해 놓았던 것인지, 휴대전화를 통해 흘러나오는 영상 속 내 영어발음을 우스꽝스럽게 흉내내기 시작했다. 학원 친구들이 크게 웃으며 나자빠지기 시작했다.

순간 너무 창피했다. 휴대전화를 뺏으려고 했지만 형준이는 교묘하게 팔을 빼며 도망쳤다. 나는 형준이를 욕하며 쫓아갔고, 금세 형준이를 붙잡았다. 거기서 멈췄어야 하는데... 나는 그만 이성을 잃고 말았다. 나는 형준이 손에서 휴대전화를 뺏은 뒤 그 휴대전화로 형준이 머리를 때렸다. 형준이도 씩씩거리며 욕하며 때리기 시작했다. 선생님께서 달려와 제지할 때까지, 우리는 한참을 서로 욕하며 주먹 싸움을 했다.

"학교가 아닌 학원에서 일어난 폭력사건도 학교폭력에 해당할까요?"

학교 밖에서 발생한 폭력 등 사건도 학교폭력이 되는지 질문을 자주 받게 된다. 아마 '학교'폭력이라는 단어에서 비롯된 질문인 것 같다. 학교폭력예방법은 학교폭력의 개념에 대해 아래와 같이 규정하고 있다.

> "학교폭력"이란 **학교 내외에서** 학생을 대상으로 발생한 상해, 폭행, 감금, 협박, 약취·유인, 명예훼손·모욕, 공갈, 강요·강제적인 심부름 및 성폭력, 따돌림, 사이버 따돌림, 정보통신망을 이용한 음란·폭력 정보 등에 의하여 신체·정신 또는 재산상의 피해를 수반하는 행위를 말한다(학교폭력예방법 제2조 제1호).

이처럼 학교폭력예방법은 학교폭력을 '학교 내외에서 학생을 대상으로 발생한 신체, 정신 또는 재산상의 피해를 수반하는 행위'를 말한다고 규정하고 있으므로, 학교폭력은 학교에서 발생된 사건에 한정되지 않고, 학교 밖에서 발생한 행위와 관련해서도 얼마든지 성립할 수 있다.

따라서 앞선 사례와 같이 영어학원에서 발생한 사건도 학교폭력이 될 수 있다.

# 학교폭력 신고가 가능한지
# 판단하는 기준

학교폭력전문변호사로 상담을 진행해 보면, 학교폭력을 입증할 수 있는 증거가 확실한 경우임에도, 학교폭력으로 신고를 할 수 있는 것인지를 몰라 신고 자체를 주저하게 되는 경우를 종종 보게 된다.

학교폭력 신고는 아래 2가지의 조건만 충족되면 가능하다.

첫째, 학교폭력이 발생하였을 당시 피해학생이 학생이어야 한다. 여기서 학생은 초등학교, 중학교, 고등학교 중 어느 하나에 다니는 학생을 말한다. 검정고시를 보는 사람, 조기졸업으로 다른 친구들보다 일찍 대학생이 된 사람은 위 피해학생에 해당하지 않는다. 유치원 때 발생한 일도 학교폭력에 해당하지 않는다.

두 번째, 학교폭력을 신고할 당시 가해학생이나 피해학생 중 한 사람은 학생이어야 한다. 어느 한 사람만 학생이면 충분하고, 두 사람 모두 학생일 필요는 없다. 만약 가해학생만 학생이라면 학교폭력대책심의위원회는 학교폭력 신고 내용이 학교폭력에 해당하는지를 심의한 뒤 가해학생에 대한 조치처분만을 내린다. 반대로 피해학생만 학생이라면 학교폭력대책심의위원회는 학교폭력 신고 내용이 학교폭력에 해당하는지를 심의하고 피해학생에 대한 보호조치만을 내린다.

즉, 교육지원청은 학교폭력과 관련하여 피해학생에 대한 보호처분이나 가해학생에 대한 조치처분 중 어느 하나는 가능한 경우이어야 학교폭력대책심의위원회를 개회하는 것이다. 만약, 둘 다 불가한 상황이라면 의결할 대상 자체가 없기 때문이다.

자주 받는 질문 중 또 하나는 '가해학생이 다른 학교로 전학을 간 경우에도 학교폭력으로 신고하는 것이 가능하냐'는 것이다. 이 경우도 2가지 요건이 모두 구비되었으므로 학교폭력 신고가 가능하다. 만약 관련 학생이 다른 교육지원청 관할 학교로 전학을 갔다면 일반적으로 관련된 각 교육지원청이 공동으로 심의위원회를 구성하여 심의가 진행된다는 점도 참고하면 좋다.

실제 사례로 확인해 보자.

1. 초등학생인 A는 B를 매일 괴롭혔다. 하지만 B는 학교폭력 신고를 하지 못한 채 초등학교를 졸업했다. 어느덧 두 사람은 중학생이 되었다. 중학생이 B는 A를 학교폭력으로 신고할 수 있을까?

학교폭력이 발생할 당시 B는 학생이고, 학교폭력 신고하려는 현재 두 사람 모두 중학생이다. 따라서 학교폭력 신고가 가능하다.

2. 만약, B가 학교폭력으로 인한 충격으로 자퇴한 상황이라면 어떨까?

학교폭력이 발생하였을 당시 피해학생이 학생이고, 학교폭력을 신고할 당시 가해학생이나 피해학생 중 한 사람이 학생인지를 검토하면 된다. 위 사례의 경우, 위 2가지 요건을 모두 갖추었으므로 학교폭력 신고가 가능하다. 다만, 학교폭력대책심의위원회는 가해학생에 대한 조치처분만을 의결하게 된다.

### 3. 만약, A가 자퇴한 상황이라면?

마찬가지로 위 2가지 요건이 모두 충족되므로 학교폭력 신고가 가능하다. 다만, 학교폭력대책심의위원회는 피해학생에 대한 조치처분만을 의결하게 된다.

알고 나면 간단한데, 교육지원청에서도 정확한 기준을 몰라 잘못된 정보를 전달해 주는 경우가 종종 발생한다. 실제로 학교폭력으로 자퇴한 뒤 학교폭력 신고를 하려고 하였으나, 교육지원청에서 '자퇴한 학생은 학교폭력 신고를 할 수 없다'고 설명하는 바람에 학교폭력 신고를 단념하고 있던 의뢰인이 있었다. 다행히 위 의뢰인은 가해학생이 고등학교를 졸업하기 전 상담을 통해 학교폭력 신고를 진행하였다. 위 두 가지의 기준을 충족하는지만 생각하면 간단히 해결할 수 있는 문제이다.

# 학교폭력 사건, 형사고소도 하려는 경우
# 공소시효를 유의하자

학창시절 경험한 학교폭력의 기억으로 인해 성인이 되어서까지도 지속적인 고통을 겪는 이들이 많다. 성인이 되었다고 한들 감수성이 예민한 학창시절 경험한 학교폭력의 고통이 자연히 사라질 수는 없을 것이다. 드라마 '더글로리'의 주인공 '문동은'이 자신의 일평생을 학교폭력의 기억 속에 살며 복수를 다짐하고 또 계획했던 것처럼 말이다.

이처럼 학교폭력의 기억과 피해는 성인이 된다고 한들 자연히 사라지는 것이 아니다. 미처 단단히 성숙하기 전의 여린 마음에 남은 상처이기에 더욱 깊게, 오래갈 수밖에 없다.

그렇다면 성인이 된 현 시점에서라도 학교폭력 가해학생을 상대로 과거의 학교폭력 사실을 문제삼을 수 있을까? 학교폭력 가해학생에 대한 형사처벌은 가능할까?

이 질문에 대답하기 위해서는 학교폭력 신고와 형사고소는 별개의 절차라는 점을 알아야 한다. 학교폭력 신고는 앞서 설명한 학교폭력 신고 기준에 따라 그 가부를 판단하면 되고, 형사고소는 이와 별개로 공소시효가 도과하지 않았어야 가능하다. 공소시효란 범죄에 대해 검사가 공소를 제기할 수 있는 기한인데, 그 기한이 도과한 경우 해당 범죄에 대하여 다시 공소를 제기할 수 없도록 공소권을 소멸시키는 제도를 말한다. 공소시효가 도과한 사건은 형벌권이 소멸한 것이므로, 검사는 공소권 없음을 이유로 불기소처분을 하고, 공소가 제기되었다면 법원은 면소판결을 선고한다.

만약, 성인이 된 현 시점이라 하더라도 공소시효가 도과되지 않은 경우라면 형사고소 등의 절차를 통하여 학교폭력 가해학생을 형사처벌하는 것이 가능하다. 학교폭력과 관련하여 자주 문제가 되는 폭행죄와 모욕죄의 경우에는 공소시효가 5년이고, 강제추행죄의 경우에는 공소시효가 10년이다. 이처럼 문제된 범죄사실과 해당 공소시효에 따라 성인이 된 이후에도 시효가 남아있는 경우라면 형사고소가 가능하다.

하지만 아무래도 오랜 시간이 지난 경우에는 관련된 기억이 흐려지고, 관련 증거들이 소실됨으로 인하여 증거를 수집하는 것이 어려운 경우가 많다. 학교폭력 피해학생의 고통이 시간이 지난다고 하여 사라지는 것은 아니지만, 학교폭력 가해학생을 형사처벌할 수 있는 가능성은 희미해지거나 공소시효 도과로 아예 불가해질 수도 있는 것이다.

그렇기 때문에 학교폭력전문변호사인 나는 학교폭력이 발생한 시점에 학교폭력 피해학생이 적극적인 신고나 형사고소를 하고, 학교폭력 가해학생이 자신의 행위에 대한 합당한 처벌을 받도록 하는 것이 무엇보다도 중요하다고 강조해서 말한다.

"변호사님, 2차 가해가 이루어질까 무서웠는데요. '결국 넌 아무것도 결국 하지 못하는구나'라고 비웃는 듯한 가해학생의 태도와 저를 조롱하는 듯한 모습에 신고를 결심하게 되었습니다." 상담을 진행하면서 이렇게 말씀 주시는 학부모님들을 자주 만나게 된다. 이 자리에 오시기까지 너무 수

고하셨다고, 이 일을 함께 잘 풀어내어 보자고 말씀드렸다. 쉽지 않은 결
정이셨을 테니 말이다.

# 학교폭력 사안처리의 절차

"변호사님, 그래서 앞으로 어떻게 진행되나요?
모르니까 더 무서워요."

상담 중 가장 많이 듣는 이야기 중 하나이다. 앞으로 상황이 어떻게 진행되는지 잘 알고 있으면 그저 그때그때 잘 준비만 하면 되므로 두려움은 반감이 된다. 그런 측면에서 전체적인 그림을 파악하는 일은 꼭 필요하다. 이하에서는 학교폭력 사안처리의 기본절차, 또 각 절차마다의 주의점 등에 관하여 쉽게 이야기해 보고자 한다.

학교폭력 사안은 다양한 경로로 신고가 된다. 피해학생이나 보호자가 학교에 직접 알리는 경우가 있고, 117이나 경찰서를 통해 신고가 이루어지는 경우도 있다. 이렇게 신고가 이루어지면 학교는 학교폭력 사안을 접수하게 된다. 그리고 학교는 학부모에게 해당 사실을 알리고, 48시간 이내에 교육지원청에도 사안보고를 한다. 피해학생은 모든 절차의 첫 단추인 '신고 단계'에서부터 적극적이고 구체적으로 피해 사실을 주장하는 것이 반드시 필요하다. 내가 어떤 피해를 당했고, 어떤 증거를 가지고 있는지, 또 앞으로 어떤 부분에 대한 조사가 중점적으로 이루어져야 하는지를 구체적으로 밝힌다면, 내가 당한 학교폭력의 실체를 수면 위로 보다 잘 끌어

올릴 수 있는 것이다.

학교는 학교폭력 접수 후 학교 내 '전담기구'에서 사안조사를 실시하고, 가해사실과 피해사실을 확인하는 과정을 거친 뒤 '사안조사보고서'를 작성한다. 학교폭력대책심의위원회 위원장으로 활동하면서 학교폭력 여부의 판단과 조치처분 결정 시 가장 중요하게 보게 되는 서류 중 하나가 바로 이 사안조사보고서이다.

전담기구가 사안을 조사할 때는 학교가 알아서 사실관계를 모두 파악하고, 알아서 잘 정리해 주겠지라는 생각으로 막연히 기다려서는 안 된다. 피해학생이라면 내가 당한 피해사실에 대해, 가해학생이라면 나를 변호할 수 있는 사실들에 대해 명확히 표현하고 또 관련 증거들을 제출하여 이 사안조사보고서에 기재될 수 있도록 할 필요가 있다.

전담기구에서는 사안조사보고서에 기초하여 사안을 학교폭력대책심의위원회에 회부하지 않고 학교장 선에서 종결할 수 있는지를 심의한다. 자체해결이 이루어지기 위해서는 4가지 요건이 충족되어야 한다(① 2주 이상 진단서 미제출, ② 재산상 피해가 없거나 즉각 복구된 경우, ③ 학교폭력이 지속적이지 않은 경우, ④ 신고 등에 대한 보복행위가 아닌 경우). 그리고 이 4가지 요건에 더하여 피해학생과 보호자의 자체해결에 대한 동의까지가 이루어져야 사안이 학교장 선에서 마무리될 수 있다.

요즘은 학교장 자체해결 요건이 구비된 경미한 사건이라도 피해학생 측이 동의하지 않아 학교폭력대책심의위원회로 회부되는 사건이 많다. 심의위원회는 학교폭력대책심의위원회 개최 요청 접수 후 21일 이내(필요한 경우 7일 이내 연기가 가능)에 개최되도록 하고 있다(요즘은 사안수의 폭증으로 인해 위 기간보다 늦어지는 경우가 많다).

　학교폭력대책심의위원회 개최가 확정되면, 학교폭력 사건의 당사자는 우편으로 추후 참석통지서를 수령하게 된다. 심의는 통상 피해학생, 가해학생 순으로 입장하여 사안에 대한 진술절차를 갖게 되며, 각 조사 과정은 30분 내외로 진행된다. 이후 심의위원회는 사실관계를 확정하고, 문제된 사실이 학교폭력에 해당하는지 판단하며, 가해학생에 대한 선도조치와 피해학생에 대한 보호조치를 각 의결한다. 최종 결과는 관련 당사자에게 7일~10일 내에 서면(등기우편)으로 통보된다.

　전체적인 그림이 머릿속에 들어오는가? 생각보다 모든 절차가 순식간에 진행되기 때문에 어? 하는 순간 내게 필요한 사정들은 현출시키지도 못한 채 억울한 결과를 직면하기도 한다. 이상에서 살펴본 전체적인 그림만이라도 머릿속에 잘 기억해 놓는다면, 분명 큰 도움을 받을 수 있으리라 생각한다.

# 학교폭력 신고,
# 적극적으로 어떻게 해야 할까

　얼마 전 상담 전화를 받다가 피해학생 측 학부모님으로부터 질문을 하나 받았다.

　'학교폭력 신고요. 이걸 변호사를 선임해서 진행할 필요가 있나요? 적극적으로 어떻게 하면 되죠?' 이런 질문이었다. 나야 학교폭력전문변호사이므로 학교폭력 신고 단계에서부터 피해사실을 적극적으로 주장하는 것이 왜 좋은지 잘 알고 있다. 하지만 학부모님들께는 이 모든 게 생소하게 느껴지실 수 있겠다는 생각이 들었다. 이하에서는 학교폭력 신고를 적극적으로 어떻게 해야 하는지, 적극적 신고의 경우 어떤 이점이 있는지에 대해 간단히 이야기해 보려 한다.

　피해학생이 학교폭력을 신고하는 방법에는 몇 가지가 있다. 우선 쉽게 떠올릴 수 있는 것처럼 학교에 신고하는 방법이 있다. 담임선생님이나, 학교폭력전담선생님, 상담선생님 등께 이야기를 할 수 있는 것이다. 상담을 진행하다 보면, 학교에 이미 이야기했는데 별일 아닌 일처럼 치부하면서 그냥 서로 사과하고 끝내라고 했어요 하는 학생들을 자주 보게 된다. 학교의 입장에서는 전담기구를 구성하고 사안조사보고서를 작성하는 등 일이 생기는 것을 원하지 않는다. 그래서 **어영부영 사안을 축소하려는 경우도 종**

종 발생한다. 그래서 학교폭력 신고는 학교폭력신고서로 하는 것이 좋다. 문서를 통해 적극적으로 학교폭력을 신고하는 경우에는 이런 일들을 애초에 차단할 수 있기 때문에 특히나 유리한 점이 있다. 그 밖에도 117에 전화하여 학교폭력을 신고할 수도 있고, 관할 경찰서에 신고를 할 수도 있다. 물론 어디에 신고를 하건, 학교폭력 신고가 접수되면 학교 내 전담기구에서부터 학교폭력 사안조사가 시작된다.

그런데 학교는 정식 수사기관이 아니다. 수사기관처럼 학교폭력이 인정되기 위해서 어떤 증거가 객관적으로 필요한지, 어떤 부분에 있어 집중적인 조사를 해야 하는지 파악하기가 당연히 어렵다. 또 학교 전담기구에 소속된 선생님은 본연의 업무도 있다. 수사기관처럼 수사만을 전담하는 분들이 아니라는 것이다. 업무가 나뉘어져 있는 만큼 집중도도 나뉘기 마련이다. 그렇기에 신고 단계에서부터 피해학생 측이 적극적으로 나서지 않는다면, 학교가 알아서 잘 조사하고, 알아서 보고서도 잘 작성해서 학교폭력대책심의위원회에 올라갈 것을 기대하기 쉽지만은 않다. 결국 소극적으로 신고절차만 밟은 뒤 손을 놓고 있게 된다면 부족한 전담기구 조사결과나 보고서 등이 학교폭력대책심의위원회 단계에까지 올라가 결국엔 만족스럽지 못한 처분 결과가 나올 가능성도 높아진다.

반면, 적극적으로 학교폭력 신고를 하고, 신고 단계에서부터 "전담기구에서 사안을 조사할 때는, 목격자인 친구 누구누구를 조사해 주세요. 사건이 발생했던 어떤 장소에 있었던 CCTV를 보전해 주세요."라는 등의 요청을 하거나 방향 제시를 한다면, 또 신고 내용이 무엇인지, 언제, 어디서, 어떤 피해를 어떻게 당했는지를 구체적으로 밝히고 일목요연한 증거들을 제시하게 된다면, 학교 전담기구에서도 내가 원하는 방향에 대해 사안을 구체적으로 조사하게 될 가능성이 높아지게 될 것이고, 결국 향후 좋은 결과를 얻게 될 가능성도 높아지게 된다.

사안이 다 마무리된 다음, "나는 피해학생이니까, 당연히 학교가 내 편에서 알아서 사건을 잘 해결해 주리라 생각했어요. 이런 결과들이 너무 억울합니다."라고 호소하시는 분들이 많이 있다. 다시 한번 이야기하지만 피해학생 측이라고 해도 적극적으로 내 입장에 대한 주장입증을 해 나가지 않는다면 원하는 결과에 이르지 못할 가능성이 높다.

부디 이런 부분들을 잘 고려하여, 학교폭력 신고 단계 또 학교 전담기구 단계에서부터 명확한 나의 입장과 또 이런 나의 입장을 뒷받침할 만한 증거들을 바탕으로 적극적인 신고를 진행했으면 하는 바람이다.

행동하기로 한 이상, 미지근한 대응이 아닌 보다 뜨거운 대응이 필요한 때이다. 내 아이를 위해서라도 말이다.

# 학교폭력 신고로 학교폭력 징계를 받게 하는 가장 확실한 방법

　지난 금요일, 같은 학교 친구들에게 집단폭행을 당했다. 그날 밤 부모님이 당장 학교폭력 신고를 진행하겠다고 하는 것을 내가 말렸다. 나는 주말 내내 학교폭력 신고를 진행하는 것이 과연 도움이 되는지 판단이 서지 않았다. 예전에 다른 친구가 학교폭력 신고를 한 적이 있었는데, 학교폭력 전담 선생님이 학교폭력 사안을 조사한다는 이유로 여러 가지 질문들을 반복해서 물어보고, 이것저것 쓰라고 시키는 것들도 많아 스트레스가 심했다는 이야기를 들은 적이 있다. 반면에 가해학생들은 천연덕스럽게 학교를 잘 다녔고, 다른 친구들은 엮이기 싫어서 은근히 피해학생을 피하고 다녔다.

　주말 내내 고민해 보았지만 학교폭력 신고를 할지 말지 답을 내릴 수가 없었다. 체험학습 신청서를 내고 학교에 가지 않은 것도 벌써 3일째이다. 내가 피해학생임에도 불구하고 학교폭력 신고조차 망설이고 있다는 게 너무 한심했다. 부모님도 극심한 스트레스를 받으며 이러지도 저러지도 못하는 나를 보면서 마음 아파했다. 우리 가족은 학교폭력 전문 변호사를 찾아가 보기로 하였다. 변호사에게 직접 물어보고 현재 상황에 대한 정확한 진단을 받는 것이 필요했다.

상담 당일, 나와 부모님은 혹시 물어보고 싶은 것을 까먹을까 봐 물어보고 싶은 것을 메모해 갔다. 직원의 안내를 받아 회의실에 들어가자, 상담 시간에 맞추어 변호사가 2명이나 들어왔다. 인터넷을 찾아보니 실제 상담은 사무장이 진행하고 변호사는 만나보지 못했다는 사람들도 많았는데, 두 명의 변호사가 직접 상담을 진행해서 일단 안심이었다.

나는 예전에 학교폭력 신고를 한 친구의 이야기를 꺼냈다. 학교폭력을 조사한다는 이유로 피해학생이 학교폭력을 당한 고통스러운 사실을 반복해서 말해야 했고, 가해학생들은 뻔뻔하게 아무 잘못이 없다는 식으로 오리발을 내밀며 학교를 잘 다녔던 것을 지켜본 이야기, 주변 친구들은 모두 그 친구가 피해학생이라는 사실을 알았지만 오히려 엮이기 싫어 그 친구를 외면한 이야기, 가해학생들이 누군가 피해학생에게 도움을 주는 것은 아닌지를 은근히 감시하며 피해학생을 고립시켰던 이야기 등을 말하며, 나는 학교폭력 신고가 아무런 도움이 되지 않는 것 같다고 말했다.

변호사님은 내가 학교폭력 신고를 망설이는 이유가 학교폭력 신고를 하기 전보다 나아지는 것도 없는데 괜한 짓을 하고 있는 것은 아닌지를 걱정하기 때문인 것 같다고 말했다. 학교폭력 신고를 하면 집단으로 구타를 당했던 사실을 밝힐 수 있는지, 가해학생들 전원이 응당한 학교폭력으로 처벌을 받는 것이 확실한지, 친구들이 오히려 가해학생들의 편을 들며 나를 외면하는 결과가 되는 것은 아닌지를 걱정하고 있는 것 같다는 이야기를 듣는데, 마치 내 마음을 읽고 있는 듯한 느낌이었다.

변호사님은 학교폭력 신고를 하는 것이 다른 법적 수단들보다 훨씬 효과적이고 빠르게 학교폭력으로부터 구제받을 수 있는 길이라고 설명해 주었다. 학교폭력은 형사상 범죄가 성립되는 경우보다 그 인정 범위가 넓고, 증거재판주의 원칙의 적용을 그대로 받지 않기 때문에 피해사실을 입증할

수 있는 자료가 다소 부족하더라도 학교폭력을 인정받을 수 있으며, 학교
폭력을 인정받을 경우 가해학생이 자력이 부족하다고 하더라도 학교안전
공제회를 통하여 피해회복을 할 수 있고, 처리 시간도 재판 진행보다 훨씬
신속하다고 설명해 주었다.

변호사님은 일단 학교폭력 신고 후 분리조치가 바로 진행될 것이므로
가해학생들이 다가오거나 말을 거는 등의 접근이 금지되고, 학생 확인서
같은 것도 작성하기 힘들면 작성하지 않아도 된다고 하였다. 학교폭력 신
고서도 변호사님이 작성할 거고, 학교폭력 심의일에 변호사님도 함께 출석
해서 도움을 줄 것이라고 하였다.

정신 차려야겠다는 생각이 들었다. 내가 피해학생인데 학교폭력 신고를
할지 고민하고 괴로워할 이유가 없다는 생각이 들었다. 변호사님의 도움을
받아 가해학생들이 응당한 책임을 지도록 해야겠다는 용기도 생겼다.

부모님과 집으로 돌아가는 길에 병원부터 들렀다. 변호사님의 조언대로
멍 자국 등이 사라지기 전에 진단서를 발급받아 놓기 위해서였다. 변호사님
의 도움을 받아 학교폭력 신고서를 작성하여 학교폭력 신고도 진행하였다.
가해학생들은 학교에 출석하는 것이 정지됐다. 변호사님이 학교 측에 보다
적극적으로 분리조치를 해달라고 하자, 쉬는 시간에 마주치는 일도 없도록
가해학생들이 다른 층 화장실을 이용하게 하였고, 학교에서 마주치는 일이
없도록 조치해 주었다. 다른 학생들이 나를 피하는 느낌도 받지 못했다. 몇
주 뒤, 가해학생들은 모두 상당히 높은 조치처분을 받았다. 내가 우려했던
일들은 발생하지 않았다. 나는 변호사님께 고마운 마음을 편지로 보냈다.

# 학교폭력 피해학생이 가해학생으로 될 수도?
## [학교폭력 피해학생 부모님이 절대로 하면 안 되는 행동]

　아이가 학교폭력을 당했다는 사실을 알게 되었을 때의 충격, 말로 다 표현하기 힘들 것이다. 억울하고, 화도 많이 나는 것이 당연하다. 하지만 화가 난다고 해서, 또 억울하다고 해서, 당장의 기분에 따라 감정적으로 행동해선 절대 안 된다. 이하에서는 학교폭력전문변호사로서 학교폭력 피해학생으로서 어떻게 대처해야 하는지에 대해 알려 드리고자 한다.

　아이가 학교폭력 피해학생이라는 사실을 알게 된 상당수의 부모님들께서는 차오르는 화를 주체하지 못하신다. 그래서 가해 학생이나 부모를 직접 찾아가시는 경우가 많다. 가해학생의 얼굴을 보면 당연히 감정을 주체하기가 더욱 어려워진다. 가해학생을 훈계하고, 따지고, 화를 내다가 가해학생의 부모와 언성을 높여 싸운다. 망신을 주기 위해 다른 학생이나 학부모들에게 학교폭력 사건에 대한 이야기를 전달하면서 분노를 표출하기도 한다.

　이렇게 감정에 따라 학교폭력 사건을 대한다면 우리 아이가 피해학생임에도 불구하고 가해학생에게 제대로 된 처분을 받게 하지 못할 수 있을 뿐더러 오히려 피해학생이 가해학생이 되어 버릴 수도 있다. 그 이유는 바로 가해학생 측으로부터 아동학대, 명예훼손, 모욕죄 등으로 역고소를 당할 수 있기 때문이다. 아니 내가 피해학생의 부모인데 아동학대라니? 황당하게 느껴질 것이다. 하지만 **감정에 따라 행동하는 경우 내 행동이 법적으로 문제될 소지가 발생할 가능성이 높고, 결국 피해학생의 부모였던 내가 오히려 피의자 신분이 되는 안타까운 경우까지 발생할 수 있다.** 결국 내 사건 합의 문제 등 때문에 아이의 학교폭력 사안에서 큰소리를 내기 어려워질 수도 있다는 것이다. 그렇기 때문에 학교폭력 피해학생의 부모님이라면 이 점은 꼭 기억해야 한다.

첫째, **내 아이를 위해서라도 감정적인 마음을 조금은 억누르고 우선은 학교폭력 사건을 학교에 신속히 신고해야 한다**는 것이다. 간혹 경찰서에 고소하는 것만 생각하시는 분들도 계시는데 학교에 학교폭력 신고를 빠르게 진행하는 것이 훨씬 유리한 경우가 많다(물론 사안에 따라 다른 경우도 있으니 바람직한 절차 진행이 고민된다면 상담을 받을 것을 권한다). 교육청에서 진행하는 학교폭력 사건은 형사사건이나 민사사건보다 훨씬 빠르게 처리가 되고, 학교장 긴급조치 등을 통하여 학교폭력 심의가 열리기 전에 보호조치를 받는 것도 가능하다. 또한, 학교폭력으로 인정될 경우 공제회를 통하여 민사소송을 제기하지 않더라도 금전적 피해를 배상받을 수도 있으므로 여러모로 유리한 점이 있는 것이다.

그리고 부모님이 꼭 기억해야 할 두 번째는 **바로 증거수집 문제이다.** 아이가 폭행을 당하고, 상해까지 입었다면? 즉시 사진을 촬영해야 한다. 진단서를 발급받을 때는 학교폭력으로 어디를 어떻게 맞았는지, 현재 어떤 통증이 있는지 등을 방문한 병원 기록지 등에 구체적으로 남길 수 있도록 해야 한다.

최근 카카오톡 단체방이나 페이스북 페이지 등에서 학교폭력 사안이 많이 발생하고 있다. 성희롱적 발언, 모욕적 발언, 명예훼손적 발언 등이 삭제되기 전 캡처를 통해 화면을 확보해 놓아야 한다. 이때는 사건의 일시와 가해학생 등을 명확히 확인할 수 있도록 캡처해야 한다. 특히 카카오톡 대화방을 나오는 경우에는 포렌식 등을 통해서도 대화내용이 복구되지 않는 경우가 많으니 이 부분을 특히 주의해야 한다. 추가적으로 목격학생의 증언을 확보하는 것도 잊지 말아야 한다.

세 번째 기억해야 할 점은 **아이가 친하게 지내는 친구들이나 부모님들을 만나보시라는 것**이다. 아이는 부모님이 속상해 할까 봐 또는 수치심 때문에 말하지 못하는 부분이 많다. 오히려 친구들이 부모인 나보다 아이에 대한 이야기를 더 잘 알고 있는 경우도 많기 때문에 아이의 친구들이나 그 부모님들을 만나서 아이에 대해 이야기하면서 필요한 증거들을 확보하는 경우도 많다는 점을 참고해야 한다.

마지막 네 번째는 **아이와 정서적 교감이 없는 상태에서 사건에 대해서만 추궁하듯 묻지 말라는 것**이다. 평소 교감이 없는 상황에서 갑자기 사건에 대해서 묻는다면 아이 입장에서는 부모님한테 말해 봤자라고 생각할 수도 있다. 아이와의 관계가 더 틀어질 수도 있기 때문에 이럴 때는 아이와 진심을 담은 편지를 주고받는 것도 좋은 방법이 될 수 있다.

이런저런 이야기들을 했지만, 가장 중요한 일은 내 아이의 마음을 위로하는 일이다. 어렵사리 말을 꺼냈을 아이에게 어떤 일이 있어도 네 편이 되어주겠다고, 마음을 안심시켜 주어야 한다. 충분한 대화를 통해 아이의 입장을 최대한 대변하는 일이 부모 입장에선 가장 중요한 일이라는 것 잊으면 안 될 것이다.

# 2차 학교폭력을 막기 위한
# 가장 현실적인 방법

　최근 통계에 의하면 학교폭력 사건이 지속적으로 늘어나고 있다. 교육지원청에서는 늘어난 학교폭력 사건의 처리가 지연되지 않게 추가로 소위원회를 구성하고 있고, 학교폭력을 담당하는 장학사들은 넘쳐나는 사건으로 야근이 생활화되어 가고 있다.

　학교폭력의 유형 중 물리적 폭행이나 금품갈취와 같은 유형은 최근 점차 줄어드는 추세지만, 사이버폭력, 언어폭력, 따돌림, 성추행과 같은 학교폭력 유형은 지속해서 늘어나는 추세다. 학교폭력을 가하는 방법도 신체폭력과 같이 가시적으로 드러나는 방법이 아닌 교묘하게 반복적으로 피해학생에게 정신적 고통을 주는 방법인 경우가 늘어나고 있다. 스마트폰 사용이 일상화된 환경 속에서 24시간 내내 지속적인 괴롭힘을 당했다고 생각해보면, 피해학생이 받은 괴로움이 얼마나 컸을지 상상하기도 어렵다.

　학교폭력은 지속적으로 발생하는 경우가 많다. 그럼 피해학생은 2차, 3차 학교폭력을 예방하기 위하여 어떻게 하는 것이 가장 좋을까. 많은 피해학생들이 신고 이후의 상황이 두려워 신고하지 않는 것이 오히려 낫다고 생각하고 신고를 망설이는 경우가 많다. 되려 다른 사람에게 학교폭력을 당하고 있는 사실이 알려질까 봐 피해사실을 숨기거나 학교폭력이 아닌 것처럼 연기하는 경우도 있다.

하지만 추가 학교폭력을 막기 위해서는 자신을 도와줄 수 있는 사람에게 피해사실을 알리고, 가해학생을 학교폭력으로 신고하는 것이 가장 좋다. 학교폭력전문변호사로서 많은 사건을 처리하며 알게 된 것은 학교폭력 신고 이후 2차, 3차 학교폭력이 발생한 경우가 거의 없다는 것이다. 오히려 학교폭력 신고를 즉시 하지 않는 경우, 가해학생이 이 정도 학교폭력은 문제가 되지 않는다고 생각하고 피해학생에게 추가 학교폭력을 가하는 경우가 훨씬 더 많았다.

일반적으로 피해학생은 3가지의 법적 조치를 취할 수 있다. 우선, 가해학생을 학교폭력으로 신고하여 학교폭력대책심의위원회의 심의를 받게 하고 그에 따른 조치를 받게 하는 것이 가능하다. 그리고 학교폭력의 내용이 범죄에 해당하는 것이라면 경찰서에 신고해서 형사처벌을 받게 할 수도 있다. 만 14세 이상이라면, 자신의 범죄행위에 대하여 형사처벌을 받고, 형사법원에서 유죄판결을 받아 확정되면 소년교도소에서 수감생활을 할 수도 있다. 마지막으로, 민사소송을 통하여 금전배상을 받는 것이다. 통상 금전배상은 치료비와 위자료가 주를 이룬다. 위 3가지 방법은 각각 중복적으로 진행할 수 있고, 개별적으로 진행할 수도 있다.

학교폭력 신고를 하여 징계처분을 받게 하는 것은 보통 2개월 정도의 시간을 생각하여야 한다. 원칙적으로 학교폭력 전담기구는 학교폭력 신고 등 사건 인지 후 14일 이내에(필요한 경우 7일 이내에서 연기 가능) 심의위원회 개최요청을 완료하여야 하고, 학교폭력대책심의위원회는 학교의 요청이 있는 경우 21일 이내에(상황에 따라 7일 이내에서 연장 가능) 개최하여야 하기 때문이다. 다만, 형사고소나 민사소송의 경우 적어도 6개월에서 1년 정도의 시간이 걸린다고 생각하여야 한다.

　　피해학생의 입장에서는 너무 오랜 기간 동안 권리구제가 이루어지지 않는다고 생각할 수 있다. 그러나 가해학생 측이 그 시간 동안 편히 있는 것이 아니다. 교육청, 경찰서, 검찰청, 법원을 오가면서 심의나 조사를 받아야 하고, 다른 학생이나 주변 사람들도 학교폭력을 가한 사실을 알게 되면 그로 인한 스트레스도 결코 적지 않으며, 종국적으로 그 책임을 이행하여야 한다. 이러한 일련의 과정 속에서 2차, 3차 학교폭력을 가할 수 있는 가해학생은 거의 없다. 그러므로 피해학생은 우선 부모님께 자신이 당한 피해사실을 솔직하게 털어놓고 현재의 아픈 상황을 바로 잡겠다는 용기를 내라고 자신 있게 권하고 싶다.

# 맞폭 신고, 과연 정답일까?

* 이하는 실제 사례를 각색한 것입니다.

아이와 같은 반 친구인 윤서(가명) 어머님께 전화가 왔다. 평소 연락을 하던 사이가 아니라 사실 연락처조차 저장되어 있지 않은 학부모였다. "같은 반 윤서 엄마에요..." 떨리는 목소리를 듣자마자, 심상치 않은 일이라는 생각이 들었다. '아이가 뭘 잘못했나? 사고를 쳤나?'라는 생각이 불현듯 스쳐 지나갔다. 윤서 엄마와 통화를 마치고, 난 차라리 아이가 사고를 친 것이었으면 좋겠다는 생각을 했다. 우리 아이가 이렇게 끔찍한 내용의 괴롭힘을 당하고 있었다니...

엄마가 되어 아이가 힘들어하고 있는 사실조차 몰랐던 사실을 자책했다. 방에 있던 아이를 불러, 윤서 어머니께 전해 들은 이야기가 사실인지를 조심스럽게 물었다. 아이는 울먹였다. 혼자서 너무 힘들었지만 엄마가 속상해 할까 말을 못했다고 했다. 아이와 부둥켜안고 한참을 울었다. 그리고 곧 정신이 번뜩 들었다. 이렇게 울기만 해서는 안 된다는 생각에 담임 선생님께 전화를 했고, 학교폭력 신고를 했다.

아이는 온갖 모욕과 패드립, 심지어 신체폭력에까지 시달려 왔다고 했다. 너무 늦게 알아버린 것은 아닐까 걱정했지만, 다행히 같은 반 친구들이 아이가 당하고 있었던 괴롭힘에 대해 솔직히 진술해 준 덕에 아이의 피해를 객관적으로 드러낼 수 있겠다는 확신이 들었다. 또 소영(가명)이가 우리 집 앞까지 굳이 따라와 아이의 머리를 툭툭 치며 위협하는 모습이 아파트 엘리베이터 앞 CCTV에

잡힌 것까지 발견했다. 누가 봐도 아이가 소영이로부터 괴롭힘을 당했다는 사실을 분명히 알 수 있다는 생각이 들자 그나마 조금 안심이 되었다.

그러던 중, 담임 선생님께로부터 연락을 받았다. 아이를 괴롭혀 온 소영이가 아이를 맞폭으로 신고했다는 것이다. 소영이는 자신이 우리 아이를 부르기 위해 어깨를 잡았을 때, 아이가 아무런 이유도 없이 자신의 손목을 잡아 꺾었다며 신체폭력으로 맞폭을 진행했다고 했다. 그리고 나는 담임 선생님께로부터 소영이 측에 변호인이 선임되어 있다는 사실을 들었다. 우리 아이 정말 괜찮은 걸까? 혹여 또 다시 억울함을 당하는 것은 아닐까? 혼자서는 도무지 감당하기 어렵다는 생각에 학교폭력 변호사 사무실을 찾았다.

상담을 진행하다 보면, 위와 같은 경우를 굉장히 많이 보게 된다. '학교폭력 피해 측' 부모님께서 위와 같이 맞폭이 진행된 것 때문에 두려워하며 방문하시는 경우도 있지만, '학교폭력 가해 측' 부모님께서 위와 유사한 케이스를 들고 찾아오셔서 맞폭 진행을 요청하시는 경우도 있다.

학교폭력 변호사로서 일관되게 말씀드리는 것은, '맞폭 신고가 무조건 정답은 아니'라는 것이다. 특히 위와 같이, 많은 목격자들이 피해 사실을 진술해 주고 있고, CCTV라는 물적 증거가 명확히 존재하는 경우에는 더욱 그렇다. 가해학생 측이 스스로 생각해 볼 때에도 만일 위와 같은 증거관계가 발견될 것이 충분히 예측되는 경우라면, 맞폭 신고를 진행하는 것은 결단코 바람직하지 않다. '반성점수'와 '화해점수'에서 엄청난 마이너스 점수를 받아 그 조치처분의 수위가 상당히 상향될 가능성이 있기 때문이다. 자신의 행동을 반성하기는커녕, 잘못을 전혀 인식하고 있지조차 못한 친구라는 인식을 심의위원들에게 심어줄 수 있기 때문이다.

만일 이런 부분을 충분히 예측할 수 있음에도, 객관적 조언을 해 주지 않은 채 맞폭 신고만을 만연히 권하는 변호사라면 선임하지 않는 편이 낫다. 차라리 홀로 대응하여 솔직히 잘못을 인정하는 편이 더 나은 처분을 받을 수 있는 길일테니까.

물론, 사안에 따라 필수적으로 맞폭 신고를 진행해야 하는 경우도 있다. 이런 부분에 대한 객관적이고 바람직한 판단은 많은 사례들을 통한 경험에서 비롯된다. 맞폭 신고 진행 여부에 대해 도무지 해결되지 않는 고민이 있다면 섣부른 판단을 하기보다는 전문가의 상담을 먼저 받아 보는 것이 낫다.

# 학교폭력 전담기구 조사는
# 어떻게 대응해야 할까?

"변호사님, 학교에서 곧 학교폭력 전담기구를 구성한다는 말을 들었어요. 학교폭력 전담기구가 뭔가요?"

학교폭력 사건을 다수 처리하고 있는 나로서는 너무나 당연한 사실들이, 부모님들께는 용어 자체만으로도 매우 생소할 수 있겠다는 생각을 많이 하게 되었다. 이하에서는 최근 학교폭력 변호사로서 많은 질문을 받았던, '학교폭력 전담기구 조사 시의 대응 방법'에 대해서 간단하게 이야기해보고자 한다.

학교폭력 사안이 발생하면, 학교는 관련학생들에 대해 분리조치를 취한 후, 보호자에게 연락을 하고, 학교폭력 전담기구를 꾸려 사안조사를 시작한다. **학교폭력 전담기구란 쉽게 말하자면 학교 내에서 학교폭력 문제를 담당하는 기구를** 의미한다. 그렇다면 학교 내에서 누가 학교폭력 문제를 담당하게 되는 것일까? 전담기구를 구성하는 사람들은 교감, 전문상담교사, 보건교사 및 책임교사(학교폭력담당교사), 학부모 등으로, 학부모가 1/3 이상을 차지하게 된다.

학교폭력 전담기구는 말 그대로 학교 내에서 학교폭력 문제를 전적으로 담당한다. 사안을 인지한 후 48시간 이내에 **교육청으로** 사안을 보고하고, 피해 및 가해사실 여부에 대해 조사하며, 사안조사 결과를 보고서로 작성하여 학교장에게 보고하고, 학교장 자체해결로 사안을 종결시킬 수 있는지 여부까지도 학교폭력 전담기구가 확인하게 된다.

"그렇다면 학교폭력 전담기구에 대해, 또 학교폭력 전담기구에서의 대응 방안에 대해 특히 주목해야 하는 이유는 무엇일까?"

학교폭력 전담기구에서의 대응방안에 대해 인식해야 하는 이유는, 학교폭력 전담기구가 사안 초기에 학교폭력 가해학생과 피해학생에 대한 조사를 하고, 그 결과를 정리한 보고서를 작성한다는 점 때문이다. 학교폭력 전담기구는 사안 발생 초기에 해당학생과 목격자를 면담하며 조사하거나, 서면조사, 설문조사를 한다. 피해 및 가해학생 확인서, 목격학생 확인서 등을 작성하도록 하는 것도 학교폭력 전담기구의 역할이다.

아직 학생인 친구들이, 어떤 구체적인 조언을 미처 받기 전에, 조사를 받는다는 일종의 엄숙한 분위기 속에서 확인서 등을 작성하게 되는 경우 사안의 실체에 대해 소상히 밝히게 될 가능성이 높다. 자신에게 유리한지, 불리한지에 대한 생각을 할 수조차 없는 상황 속에서 사건의 진실이 고스란히 녹여져 있을 가능성 또한 높아진다.

또 한편으로, 사실은 폭력 상황이 아님에도 불구하고, 엄숙한 분위기에 지배당한 나머지 자신의 행위가 무조건 잘못한 것이라고 다소 이상한(?) 시인을 할 가능성도 있다. 하지만 순간 분위기에 지배당해 진술한 내용들을 나중에 뒤집는 것은 정말이지 너무나 어렵다.

학교폭력 전담기구에서 학생 확인서 또는 보호자 확인서 작성을 요청하는 경우, 꼭 그 자리에서 자필로 이를 작성해야 하는 것은 아니다. 자필로 작성하는 것이 어렵다거나, 고민하여 시간을 가지고 확인서를 작성하겠다는 요청을 학교가 거부할 수 있는 권한은 없다. 당연한 방어권의 행사이기 때문이다. 법리적인 다툼의 소지가 있는 사안의 경우에는 이 부분에서부터 사실관계 정리에 전문가의 도움을 받는 것이 큰 도움이 된다. 확인서 단계에서부터 도움을 받으신 분들의 경우, 이후 사건 처리가 더욱 수월하고 그 결과 또한 좋을 수밖에 없다.

학교폭력 피해학생인 경우에는 특정 목격 학생에 대한 조사 요청, CCTV와 같은 증거의 확보 등을 전담기구에서부터 구체적으로 요청할 필요가 있다. 가지고 있는 증거자료들을 정리하여 제출하는 것 또한 필요하다. 초기 단계에서부터 정리된 이 내용이 학교폭력을 인정받는 데 큰 도움이 되기 때문이다.

학교폭력 가해학생인 경우에도, 다툼에 도움이 되는 증거들을 조목조목 정리하여 의견서를 제출할 필요가 있다. 아이와의 충분한 소통을 통해 필요한 증거들을 수집할 필요가 있고, 이를 학교폭력 전담기구에 현출시키는 것이 중요하다.

학교가 알아서 정리해 주겠지, 우리 아이의 말을 믿어주겠지라는 생각은 버리는 것이 좋다. 학교폭력대책심의위원회가 생긴 이후로 학교는 적극적으로 사안에 개입하지 않는다. 서로 장난을 치는 중에 색종이 두 장을 날려 던진 사안까지도 학교폭력대책심의위원회에 올라오는 게 요즘 현실이다. 따라서 학교폭력 전담기구 단계에서부터 부모로서 촉각을 기울여 아이를 위한 행동에 나서야 한다.

# 학생 확인서를 작성하는 방법

　학교폭력 신고가 접수되면 피해학생과 가해학생이 작성하여야 하는 것이 있는데, 바로 학생 확인서이다. 학생 확인서는 보호자 확인서와 함께 학교폭력대책심의위원회의 위원들이 가장 중요하게 생각하는 서류 중 하나로, 반드시 꼼꼼하게 읽어보는 자료이기도 하다. 학생 확인서는 해당 학교폭력 사건의 당사자가 작성한 서류이므로 사건의 경위가 어떠한지, 사건에 대한 당사자의 입장은 무엇인지 등을 파악할 수 있고, 보호자 확인서에서는 학교폭력이 발생한 이후에 어떤 조치가 취해졌는지, 화해는 이루어졌는지 등을 파악할 수 있다.

　학생 확인서와 보호자 확인서는 위원들이 중요하게 생각하는 서류이므로 당연히 그 작성에도 유의할 필요가 있다. 그렇다면 어떻게 작성하는 것이 좋을까. 학생 확인서는 부모님들이 써야 하는 보호자 확인서와 적어야 할 내용이 조금 다르다. 학생 확인서는 사실관계를 위주로 작성하게 되어 있고, 보호자 확인서는 사건 이후의 정보들을 기재하게 되어 있다. 그 이유는 조금만 생각해 보면 당연하다. 사실관계는 사건을 직접 경험한 학생만 알 수 있는 것이므로 학생에게 적도록 한 것이고, 부모님은 자신이 직접 경험한 사건 이후의 정보에 대해서 적도록 한 것이다.

피해학생 중 다수는 자신이 경험한 피해사실을 열거하듯 간단히 작성해서 제출한다. 하지만 사건이 발생하게 된 원인이나 사건의 앞뒤 정황에 대해서도 자세히 작성하는 것이 좋다. 왜냐면 심의위원은 사건을 직접 경험한 사람이 아니므로 피해학생이 말하지 않은 부분에 관해서는 알 수가 없기 때문이다. 피해학생이 말하지 않은 신체적, 정신적 고통이나 재산상 피해에 관해 알기 어려운 것도 마찬가지이다.

한편, 학생 확인서 마지막란에는 어떠한 도움을 필요로 하는지에 대해 작성할 수 있게 되어 있다. 이 부분에는 정신과 상담이나 치료를 위한 요양 등 피해회복을 위하여 필요한 조치를 기재하는 것이 좋다. 학교폭력대책심의위원회는 가해학생에 대한 조치처분만을 의결하는 것이 아니고, 피해학생에 대한 보호조치도 의결할 수 있기 때문이다.

가해학생의 입장이라면, 학교폭력으로 신고된 사실관계에 대해서 인정하는 입장인지 아닌지에 따라 다르다. 만약 피해학생이 주장하는 학교폭력의 내용을 부인하는 경우라면 피해학생이 주장하는 사실관계와 실제 사실관계가 어떻게 다른지 구체적으로 설명하여야 하고, 가해학생이 주장하는 사실관계가 진실이라고 뒷받침할 수 있는 객관적 자료를 함께 제시하는 것이 필요하다.

만약 학교폭력 사실을 인정하는 입장이라면 최대한 조치처분을 낮게 받을 수 있도록 노력하는 것이 필요하다. 이 경우 기억해야 할 점 중 하나는 피해학생이 주장하는 사실관계가 실제와 다소 다른 점이 있다고 해도 이를 장황하게 지적하는 것은 바람직하지 않다는 것이다. 이는 심의위원으로 하여금 가해학생이 반성하지 않는다고 오해하는 것을 막기 위함이다. 위 경우에는 반박하는 내용은 간략하게 기재하고, 반성하는 내용을 최대한 많이 기재하는 것이 좋다. 심의위원들이 가해학생에 대한 조치처분을 내릴 때에는 가해학생의 반성 정도를 점수로 판단하기 때문이다.

간혹 가해학생 중에는 기억나지 않는 부분은 어떡하냐고 묻는 학생들이 있다. 그럼 기억이 나지 않는다고 쓰면 된다. 심의위원들은 가해학생한테 공개하지는 않지만 목격학생 확인서, CCTV 영상, 녹취록 등 다양한 증거를 가지고 있다. 기억이 나지 않는 부분을 대충 기재하였다가 그게 사실과 다르기라도 하면 가해학생이 뻔뻔하게 거짓말을 하고 있다고 오해해서 더욱 엄한 처분이 내려질 가능성도 있다.

학생 확인서를 보다 보면 글씨 쓰기가 익숙하지 않아 보이는 학생들이 더러 있다. 어떤 내용을 쓴 것인지 알아보기조차 힘든 경우도 종종 있는데, 만약 글씨에 자신이 없다면 워드나 한글을 사용하여 작성해도 괜찮다.

# 학생 확인서(양식)

* 사안번호: (                ) 학교                                      2023-(    )호

| 성명 | | 학년 / 반 | | / | 성별 | 남 / 여 |
|---|---|---|---|---|---|---|
| 연락처 | 학생 | | | 보호자 | | |
| 관련학생 | | | | | | |
| 사안 내용 | | ※ 피해 받은 사실, 가해한 사실, 목격한 사실 등을 육하원칙에 의거하여 상세히 기재하세요. (필요한 경우 별지 사용) | | | | |
| | | | | | | |
| 필요한 도움 | | | | | | |
| 작성일 | 20  년  월  일 | | | 작성 학생 | | (서명) |

출처: 2023년 학교폭력 사안처리 가이드북 개정판(교육부, 이화여자대학교 학교폭력예방연구소)

# 보호자 확인서

* 사안번호: (           ) 학교                              2023-(    )호

> 1. 본 확인서는 학교폭력 사안 조사를 위한 것입니다.
> 2. 자녀와 상대방 학생에 관련된 객관적인 정보를 제공해 주셨으면 합니다.
> 3. 사안 해결을 위해 학교는 객관적이고 적극적인 자세로 임할 것입니다.

| 학생 성명 | | | 학년 / 반 | / | 성별 | 남 / 여 |
|---|---|---|---|---|---|---|
| 사안 인지 경위 | | | | | | |
| 현재 자녀의 상태 | | | 신체적 - <br> 정신적 - | | | |
| 자녀 관련 정보 | 교우 관계 | | (친한 친구가 누구이며, 최근의 관계는 어떠한지 등) | | | |
| | 학교폭력 경험 유무 및 내용 | | (실제로 밝혀진 것 외에도 의심되는 사안에 대해서도) | | | |
| | 자녀 확인 내용 | | (사안에 대해 자녀가 보호자에게 말한 것) | | | |
| 현재까지의 보호자 조치 | | | (병원 진료, 화해 시도, 자녀 대화 등) | | | |
| 사안 해결을 위한 관련 정보 제공 | | | (특이점, 성격 등) | | | |
| 현재 보호자의 심정 | | | (어려운 점 등) | | | |
| 본 사안 해결을 위한 보호자 의견, 바라는 점 | | | (보호자가 파악한 자녀의 요구사항 등) | | | |
| 작성일 | 20    년    월    일 | | | 작성자 | | (서명) |

출처: 2023년 학교폭력 사안처리 가이드북 개정판(교육부, 이화여자대학교 학교폭력예방연구소)

# 학생 확인서 및 보호자 확인서 작성을 앞두고
# 꼭 기억해야 할 내용은?

　너무 중요한 부분이기 때문에 학생 확인서 및 보호자 확인서 작성에 대해 다시 한번 언급하고자 한다. 앞서 설명했던 것처럼, 학교폭력 신고가 이루어진 후 가장 먼저 작성하게 되는 서류가 바로 학교폭력 학생 확인서 및 보호자 확인서이다.

　"학교폭력에 연루된 학생들의 경우, 어느 날 갑자기 학교폭력 담당 선생님께 불려가서는 선생님이 보는 앞에서 자필로 확인서 작성을 기재하도록 요구받는 경우가 많다."

　가해관련학생으로 지목받은 아이들의 경우에는 마치 가해학생이라는 낙인이 이미 찍힌 듯한 분위기 속에서, 없었던 일을 반성하는 듯한 학교폭력 진술서를 작성하는 경우도 생기게 되고, 중압적인 분위기 속에서 표현의 미성숙함으로 인해 자신에게 유리한 사실조차 불리하게 바꾸어 기재하는 경우 또한 생기게 된다.

　물론 학생 확인서를 언제나 불시에 작성하도록 요구받는 것은 아니고, 어떤 학교의 경우에는 확인서 양식을 출력하여 건네주면서 집에서 천천히 작성해 올 것을 이야기해 주기도 한다. 하지만 학교마다 사정이 다르므로, 우리 아이가 갑작스럽게 불려가 확인서 작성을 요구받는 상황에 처하게 될 수도 있다는 정도는 인지하여 두는 것이 좋다.

사건 초기 단계에서 아이들이 끄적인 내용이 뭐 그리 중요하겠냐는 생각이 들 수도 있다. 하지만 학교폭력 사건을 다수 처리하고 있을 뿐만 아니라, 학교폭력대책심의위원회 위원장으로 활동하고 있는 변호사로서 분명히 이야기할 수 있는 부분은, 학생 확인서는 단순한 종이 조각이 아니라는 것이다. 오히려 사건의 진실을 볼 수 있는 중요한 키로 작용하는 경우가 많기 때문에 그 중요성에 대해 분명히 인식할 필요가 있다.

우선, 학생 확인서나 보호자 확인서를 반드시 요청받은 자리에서, 수기로 작성하여야 하는 것이 아니라는 점을 알아두어야 한다.

머리가 새하얘진 상황에서, 충격과 공포 속에 얼얼한 상황에서 글을 쓴다는 것 자체가 어려운 일이다. 아이들은 더 힘들 수밖에 없다. 너무 당혹스러운 상황이었기에 뭐라고 기술했는지조차 모르는 상태였다고 사진 한 장 남기지 못한 채 상담을 오시는 경우도 많다. 일목요연하게 관련한 내용을 기술하기 어렵다는 생각이 든다면 시간을 요청하여 집에 가져와 작성하도록 하는 것이 좋다. 마치 당장 이 자리에서 확인서를 작성해야 한다는 듯 학교 측에서 겁을 주는 경우도 있지만, 학교가 이렇게 진행할 수 있는 어떠한 근거도 없으므로 나를 위한, 또 내 아이를 위한 선택을 자신 있게 하면 된다.

학생 확인서의 양식은 사안 내용에 대해 일기처럼 기술하는 식으로 되어 있다.

피해받은 사실, 가해한 사실, 목격한 사실 등을 육하원칙에 의거하여 상세히 기재하도록 되어 있는 것이다. 피해학생/가해학생의 진술만 있는 사건의 경우에는 더더욱 학생 진술서를 일목요연하게 작성하기 위하여 노력해야 한다. 서로의 진술이 불일치하는 상황 속에서 누구의 말을 믿어야 할지는, 얼마나 구체적이고, 얼마나 일관되게 사건에 대해 이야기하고 있는지를 볼 수밖에 없기 때문이다.

보호자 확인서의 양식은 사안 인지 경위, 현재 자녀의 상태, 교우관계, 학교폭력 경험 유무 및 내용, 자녀 확인 내용, 현재까지의 보호자 조치, 사안해결을 위한 관련 정보 제공, 현재 보호자의 심정, 본 사안 해결을 위한 보호자 의견, 바라는 점을 작성하도록 되어 있다.

꼭 해당 칸 안에 작성해야 하는지 물어오시는 분들이 있는데 당연히 그렇지 않다. 별지를 충분히 활용하여 우리 아이를 위해 소명하여야 할 내용들이 있다면 상세히 기재하는 것이 좋다. 관련 증빙들이 있다면 보호자 확인서, 보호자 확인서에 별지로 첨부하여 함께 제출하는 것도 도움이 된다.

별 힘들이지 않고도 작성할 수 있는 것처럼 생각되는 내용들이지만, 막상 어떤 내용이 우리 아이를 위해 꼭 들어가야 할 내용인지, 어떤 내용은 굳이 설명하지 않아도 되는 내용인지를 확인서 작성시 스스로 분별하기는 쉽지만은 않다.

앞서 이야기한 것처럼, 학생 확인서 및 보호자 확인서는 사건의 핵심적인 키로 작용한다. 만일 작성에 있어 고민되는 부분이 있다면, 차라리 이 단계에서부터 전문가와 상담을 받아 보는 것이 사건 해결을 위해 큰 도움이 될 수 있다는 점을 기억해야 한다.

# 학교폭력 CCTV 확보 방법

담임 선생님이나 학교폭력대책심의위원회 위원들은 사건 현장에는 없었던 사람이므로 피해학생이 하는 말이 사실인지 아닌지를 알 수가 없다. 물론 가해학생이 피해학생이 주장하는 학교폭력 사실관계를 모두 자백한다면 문제될 것이 없다. 하지만 피해학생과 가해학생이 서로 다른 주장을 하는 경우라면 과연 누구의 말이 사실인가를 판단하는 문제가 남게 되고, 이는 객관적 증거에 의해 가려질 수밖에 없다.

심의를 진행하면서 느끼는 것은, 가해학생이 학교폭력 사실을 부인하는 사건이 많아지고 있다는 것이다. 이런 경우에는 피해학생이 자신이 신고한 내용이 맞다는 것을 입증하기 위한 객관적 자료를 제출하여야 한다. 하지만 학교폭력 신고를 하기 위해 객관적 자료를 수집하다 보면, 목격학생의 확인서조차 확보하는 것이 쉽지 않다는 것을 금세 알게 된다. 주변 학생들이 두 사람 간의 학교폭력 관련 사실에 대해 알더라도 확인서를 작성할 의무가 있는 것은 아니고, 목격학생 입장에서는 괜히 보복당하거나 엮여서 좋을 게 없다는 생각을 할 수밖에 없기 때문이다. 또 일부 학교에서는 중학교 2학년 이하 학생의 경우, 부모님께 동의를 받는 경우에만 목격학생 확인서를 작성할 수 있도록 하고 있는데, 작성에 동의하는 부모님은 많지 않다.

목격학생 확인서, 진단서와 같은 증거도 매우 훌륭한 증거이지만, 사실 더 좋은 증거가 있다. 바로 학교폭력 사건의 현장을 보여주는 CCTV 영상이다. 학교폭력이 발생한 현장에 직접 찾아가서 주변에 CCTV가 설치되어 있는지를 확인해 보고, 만약 설치되어 있다면 CCTV 영상이 삭제되기 전에 신속하게 확보하여야 한다. 목격학생 확인서의 경우 자신에게 우호적인 학생에게 확인서를 작성해 줄 수 있는지 확인하는 정도만 하고, 만약 작성을 꺼린다면 괜히 설득하느라 애쓰지 말라고 조언해 주고 싶다.

그런데 CCTV 영상의 경우, 해당 영상관리자에게 학교폭력을 입증하기 위한 증거로서 영상이 필요하다는 이야기를 아무리 해도 이를 보여주지조차 않는 경우가 있는데, 이는 개인정보보호법 때문이다. 개인정보보호법은 원칙적으로 정보주체의 동의 없이 CCTV를 제3자에게 보여줄 수가 없다고 규정하고 있고, 만약 이를 어길 경우 형사처벌을 하는 규정까지도 마련해 두고 있다. 문제는 영상에 누가 촬영되어 있는지도 모르는 상태에서 영상에 나온 사람들의 동의를 받아 온다는 게 불가능하다는 것이다. 그럼 어떻게 해야 할까?

개인정보보호법에서는 예외적으로 범죄의 수사를 위하여 필요한 경우에는 이를 열람하거나 제공하는 것을 허용한다. 따라서 학교폭력 내용이 범죄에 해당하는 경우에는 경찰에 고소를 진행한 다음 CCTV 영상의 확보를 요청하고, 피해학생은 경찰이 확보한 영상에 대해 정보공개청구를 하여 이를 열람하는 방법이 있다. 다만, 경찰은 피해학생의 요청이 있다고 하여 CCTV를 반드시 확보할 의무가 있는 것은 아니므로, CCTV 영상 확보를 요청하더라도 이를 거절하는 경우가 있다. 또 경찰이 영상을 확보하였다고 해도 정보공개청구를 불허하는 경우도 발생할 수도 있다.

이럴 때는 법원을 통해 '증거보전 신청'을 하는 방법이 있다. 증거보전 신청은 소송을 제기하고 신청할 수도 있고, 소송을 제기하기 전이라도 '미리 증거조사를 하지 아니하면 그 증거를 사용하기 곤란한 사정'을 소명한다면 얼마든지 가능하다. CCTV 영상은 30일 이내로 보유할 수 있으므로, 증거보전을 하지 않는다면 곧 보유기간이 지나 삭제된다는 점을 강조할 필요가 있다. 만약, 학교폭력 신고와 함께 민사소송도 진행 중이라면 법원에 문서제출명령을 신청하여 확보하는 것도 가능하다.

# 은근한 따돌림,
# 학교폭력으로 인정받을 수 있을까

학생일 때는 친구 관계처럼 소중한 것이 없다. 나도 어릴 때를 생각해 보면 수학여행 때 누구와 버스를 탈지, 어떤 친구와 밥을 먹을지, 시험이 끝나면 누구와 놀지 등과 같은 문제들로 늘 고민이 많았던 것 같다. 친구 관계가 목숨처럼 소중한 시기이기에 따돌림 관련 학교폭력 사안도 아주 빈번하게 발생하고 있다.

따돌림 사안과 관련하여 가장 많은 분들이 궁금해하시는 두 가지 질문에 대해서 답변을 드려 볼까 한다.

첫 번째는, '피해학생 진술만으로 따돌림을 학교폭력으로 인정받을 수 있을까요?'라는 질문에 관해서다. 요즘은 사이버 공간에서 활동하는 빈도가 굉장히 높다. 그래서 페이스북 메신저나 인스타그램 DM, 카카오톡 대화방 등에 따돌림 관련 증거들이 명확하게 남는 경우도 많다. 하지만 학교라는 오프라인 공간에서 은근한 방식으로 이루어지는 따돌림과 같이 명확한 증거의 확보가 어려운 경우도 여전히 많이 있다.

그렇다면 이렇게 객관적 증거가 없는 상황에서도 피해학생 진술만으로 따돌림을 학교폭력으로 인정받을 수 있을까? 정답은 가능하다는 것이다. 다만, 객관적 증거가 없는 상황이라면 가해학생이 신고 사실을 일관되게 부인할 가능성이 굉장히 높을 것이다. 이렇게 가해학생이 일관되게 신고 사실을 부인하는 상황이라면 다른 객관적인 증거가 갖추어져 있는 경우보다 피해학생 측 진술 자체에 훨씬 높은 신빙성이 요구된다.

만약 피해학생이 진술을 하는데 피해 일시나 장소도 구체적으로 특정하지 못하고, 사건의 경위 또 가해행위의 모습에 대해서도 세부적으로 묘사를 하지 못한다면? 이 경우에는 당연히 피해학생 측 진술 자체에 높은 신빙성이 인정되기는 어려울 것이다. 이런 경우에는 피해학생 진술만으로 따돌림을 인정받기가 어려운 상황이 될 수 있는 것이다.

그렇기 때문에 만일 따돌림을 당하고 있고, 사안과 관련해서 달리 객관적인 증거가 없는 상황이라면 내가 처한 상황, 또 내가 당한 피해들에 대해서 잊어버리기 전에 간단한 일기라도 작성해 둘 것을 권한다. 고통스러운 상황을 상기하는 것 자체가 물론 괴롭겠지만 그래도 이렇게 일기를 작성해 두면 이후에 내가 처했던 상황을 구체적으로 진술하는 데 큰 도움을 받을 수 있고 당연히 진술의 신빙성을 높이 인정받아 진술만으로도 학교폭력을 인정받을 수 있는 가능성이 상당히 높아지게 될 것이다.

두 번째는 '우리와 결이 맞지 않아서, 어울리고 싶다는 요청을 계속 거절했고, 실제 이런 마음을 표현한 적도 있긴 한데, 이런 것도 따돌림이 될까요?'라는 질문에 관해서다. 이 문제로 고민하는 친구들이 생각보다 굉장히 많이 있고 실제 나도 학교폭력대책심의위원회에서 위원장으로서 비슷한 사례들을 처리하기도 했다. 언뜻 2명 이상의 학생들이 친구의 같이 놀자는 요청을 지속적으로 거절했고, 또 그 친구가 고통스럽다고 느꼈다면 마치 따돌림이 있었던 것 같은 느낌이 들기도 한다. 하지만 이런 사정만으로 학교폭력을 인정하기는 상당히 어려울 것이다. 학교폭력예방법상 따돌림 행위가 학교폭력에 해당하려면 고의에 의한 행위이여야 한다. 고의적으로 특정 학생에 대해 인격권을 침해할 정도의 심리적 공격을 반복적으로 가해야 따돌림이라는 학교폭력이 인정될 수 있다는 것이다.

하지만 그저 마음 맞는 편한 친구들끼리 모여 놀다가, 무리에 끼고 싶다는 요청을 수동적으로 거절하고, 뭐 나는 니가 조금 불편해라는 말을 했을 뿐이라면? 이것만으로 어떤 인격권이 침해되는 언행이 이루어졌다고 볼 수는 없으므로 학교폭력으로 인정되기는 어려울 것이다. 그냥 마음 편한 친구들이랑 놀고 싶어서 그랬던 건데, 나도 처벌되는 건 아닐까? 끙끙 앓고 있는 친구들도 많았을 것이다. 물론 구체적인 내용에 따라 다른 답이 나오게 되는 경우도 있겠지만 참고하면 도움이 될 것이라고 생각한다.

# 운동선수 학교폭력, 한순간의 실수로
# 선수생활 끝내지 않으려면
## (feat. 야구선수 출신 학교폭력 변호사)

학생 운동선수의 학교폭력에 관해 이야기해 볼까 한다. 특히 현재 운동선수이거나 운동선수 자녀를 둔 학부모님이라면 이 글을 꼭 읽어볼 것을 권한다. 장권수 변호사는 학창시절에 프로야구 선수가 꿈인 학생 야구선수였다. 초등학교 3학년 때 야구를 시작하여 고등학교 3학년 8월에 열렸던 봉황대기까지 10년 정도를 야구선수로 생활했기 때문에 학생 운동선수의 생활을 누구보다 잘 알고 있다. 이하에서는 운동선수 학교폭력 사건이 일반적인 학교폭력 사건과 무엇이 다른지, 어떤 점을 유의하여야 하는지 알려드리고자 한다.

Chapter 1. 운동선수 학교폭력은 같은 운동부 선수끼리 일어난다.
요즘은 학생 운동선수라고 하더라도 학교 정규수업에 참석하여야 한다. 적어도 학교생활만큼은 일반 학생들과 다르지 않은 것이다. 그러나 학생 운동선수들을 만나 보면 다른 일반 학생들과 친하게 지내는 경우가 거의 없었다. 운동선수들은 수업에 참석하더라도 다른 일반 학생들과 어울리는 경우가 많지 않다는 것이다. 다른 일반 학생들은 classmate일 뿐인 것이다.

학생 운동선수들이 밖에서 사고를 치는 경우는 거의 없다. 다른 일반 학생과 학교폭력이 발생하거나 음주 등으로 사고를 치는 비율도 낮다. 학생 운동선수의 학교폭력은 같은 운동부 운동선수끼리 발생하는 경우가 많다.

## Chapter 2. 피해학생 측의 마음은 굳게 닫혀 있다.

피해학생은 마음을 단단히 먹고 학교폭력 신고를 한 것이다. 같은 운동부에서 운동하는 선수를 학교폭력 가해학생으로 신고한다는 것은 정말 쉽지 않은 결정이다. 팀에 분란이 생기는 것은 불 보듯 뻔하고, 감독님이나 코치님, 또 다른 학부모들의 눈치가 보이는 것은 당연하다. 자녀의 커리어에도 심각한 불이익이 발생할 수 있다. 매일 어머님이라고 부르며 인사하던 녀석을 학교폭력으로 신고하여 선수 생명이 끝날 수도 있게 하는 것은 분명 피해학생 측에게도 매우 부담스러운 일이다.

피해학생 측은 학교폭력 신고 이전에 가해학생을 직접 타일러보거나 감독님이나 코치님께 학교폭력 사실을 말씀드려도 보았을 가능성이 높다. 하지만 또다시 학교폭력이 발생하여, 결국엔 가해학생을 이 바닥에서 쫓아내겠다는 마음이 서는 정도가 되면 그제야 학교폭력 신고가 진행된다. 그래서 운동선수 학교폭력 신고는 학교장 자체해결로 끝나는 경우가 거의 없다. 그럴거면 애초에 신고조차 하지 않았을 것이기 때문이다.

가해학생 부모님은 피해학생과 피해학생의 부모님의 연락처를 이미 알고 있거나 쉽게 알아낼 수 있다. 하지만 학교폭력 신고까지 된 경우, 가해학생 측의 연락으로 사건이 해결되는 경우는 거의 보지 못했다. 가해학생 부모는 이것 때문에 우리 아이의 선수경력이 끝난다고 생각하니 피해학생 측이 너무하다는 생각이 들기 시작한다. 그러다 보니 피해학생 측에게 해서는 안 될 말이나 행동도 나오게 된다. 상황은 더욱 악화된다.

그러나 학교폭력대책심의위원회가 열리기 전까지는 시간이 있다. 이 시간을 놓치면 안 된다. 중간 다리 역할을 해 줄 사람이 필요하다. 감독님이

나 코치님 등 운동부와 관련이 있는 사람은 중간 다리 역할자로 적합하지 않다. 왜냐하면 피해학생 입장에서는 감독님 등에게 이미 여러 번 말하였음에도 같은 일이 반복된 것이기 때문이다. 그리고 문제가 생기면 곤란한 감독님은 사건을 덮으려는 경향이 있어 피해학생의 화만 돋우는 상황도 발생하는 경우가 많다.

### Chapter 3. 가해학생으로 지목된 운동선수는 훈련에서 배제된다.

학교폭력 신고가 있게 되면 특별한 사정이 없으면, 분리조치를 받게 되는데, 가해학생으로 지목된 운동선수는 수업시간 외에는 훈련에 참가할 수 없다. 그리고 훈련에서 배제되는 것은 사실상 학교폭력 신고에 대한 결과가 나올 때까지 지속되는 경우가 대부분이다. 학교폭력 신고를 한 피해학생을 훈련에서 배제시킬 수 없으니, 가해학생을 훈련에서 배제시키는 조치를 내릴 수밖에 없는 것이다.

이건 생각보다 심각한 문제이다. 일반 학생들의 경우 분리조치를 하더라도 수업시간에는 교무실에서 자습을 하고, 학교를 마치면 집이나 학원에서 공부를 할 수 있다. 그러나 운동선수는 다른 장소에서 훈련하기 어려운 특성이 있다. 특히 단체종목이라면 더욱 그렇다. 이 기간 동안 시합에도 출전하기 어렵다. 또 가해학생 측은 위와 같은 조치가 부당하다고 문제제기를 하고 싶지만 따지고 들기가 매우 어려운 입장에 놓이게 된다.

### Chapter 4. 학교폭력 징계이력은 스포츠윤리센터 징계정보시스템에 등재된다.

2020년경, 감독과 팀 닥터 등의 집단 가혹행위로 인해 한 선수가 스스로 생을 마감한 사건이 있었다. 비극적인 사건에 전 국민이 충격에 빠졌다. 국회와 정부는 강력한 대책을 내놓았고, 체육인에게 발생하는 인권침해 문제를 관할하는 스포츠윤리센터가 설립되었으며, 징계정보시스템이라는 제도도 도입하게 된다.

선수, 지도자, 심판 등을 등록할 때는 의무적으로 징계정보시스템에서 징계 이력이 있는지 조회하도록 하고, 만약 징계이력이 있는 사람이라면 등록을 해 주지 않을 수 있다. 그리고 여기서 말하는 징계에는 학교폭력으로 징계를 받은 것도 포함된다. 학생 운동선수가 학교폭력으로 징계를 받게 되면 선수등록 자체가 되지 않을 수 있는 것이다. 2022년 여름경부터는 가해학생이 운동부 학생인지 아닌지를 체크하는 란이 학교폭력 관련 서류에 추가된 것을 확인할 수 있었다. 여기에 체크가 되어 올라온 사건은 운동선수 학교폭력 사건인 것이고, 그 사건에서 징계를 받게 된다면 그대로 스포츠윤리센터에 전달되어 위와 같은 불이익을 받게 되는 것이다.

Chapter 5. 학교폭력 결과와 상관없이 피해학생과 합의하여야 한다.

프로 구단이나 실업팀에서는 더는 과거 학교폭력 사건이 있는 선수를 영입하려 하지 않는다. 아무리 실력이 출중하고 과거 학교폭력 사건이 매우 가벼운 사건이었다 하더라도 피해학생의 용서를 받지 않았다면 구단은 영입을 망설일 수밖에 없다. 나중에 프로에 입단하려고 할 때 이 문제를 해결하려고 한다면 엄청난 비용을 감수해야 한다. 학교폭력대책심의위원회에서 내린 조치처분을 이행하면 모든 책임을 다하였다고 생각하면 안 된다. 문제가 생겼을 때 바로 피해학생과 합의하고 위자료를 지급하고 비밀유지의무 등을 담은 합의서를 작성해두는 것이 필요하다.

단 한 번의 실수로 오랜 기간 공들여 쌓은 탑이 무너질 수 있다. 더 늦기 전에, 시기 적절한 해결 방안을 모색하여야 한다.

# 학교폭력 전담교사가 학교폭력 사실을 방관하는 경우의 법적 책임

　교사가 학교폭력을 방임하거나 은폐하여 문제가 제기되는 경우가 생각보다 많다. 실제로 피해학생이 학교가 학교폭력 사실을 알면서도 방임하거나 학교폭력 신고를 하면 서로 좋을 것이 없다면서 접수를 거절하였다고 주장하는 경우도 자주 보게 된다. 수업시간에 학교폭력이 발생하였음에도, 교사가 자신은 다른 학생을 돌보고 있던 터라 당시 상황을 전혀 보지 못했다며 진술을 회피하거나 얼마 지나지 않은 사건임에도 기억나지 않는다고 말하는 경우도 보았다.

　만약, 학교에서 학교폭력 사건을 은폐하거나 방임한 사실이 있다면 어떻게 되는 것일까. 담임교사에게 법적 책임을 묻는 것이 가능할까.

　대부분의 학교폭력 사건은 학생과 학생 사이에서 발생하지만, 학생과 학생이 아닌 사람 사이에도 학교폭력이 성립될 수 있다. 학교폭력예방법은 피해학생이 초·중등교육법상 '학생'에 해당하기만 하면 학교폭력에 해당할 수 있도록 규정하고 있기 때문이다. 다시 말해, 피해학생이 학교폭력을 당하였을 당시 초등학교, 중학교, 고등학교에 재학 중인 학생이기만 하면 되고, 가해학생이 학생이든 학생이 아니든 학교폭력이 성립하는 것과는 관계가 없다는 것이다. 따라서 만약 학교폭력 전담교사가 학생을 직접 폭행하거나 사건을 은폐하였다면 교사 역시 학교폭력을 가한 것이고, 피해학생에게 이에 대한 모든 법적 책임을 져야 한다.

학교폭력예방법은 교사는 학교폭력 현장을 보거나 그 사실을 알게 된 경우 즉시 학교 등에 신고하고, 해당 학부모에게 알려야 한다고 규정하고 있으므로 교사가 학교폭력이 발생한 것을 알면서도 은폐하였다면 학교폭력예방법을 위반한 것이다. 피해학생은 교사나 교장, 그리고 공립학교라면 지방자치단체를 상대로 손해배상청구를 할 수 있고, 해당 사실관계가 범죄에 해당한다면 해당 교사를 형사고소 하는 것도 가능하다. 또한, 위와 같은 민형사상 조치 외에도 파면, 해임 등 국가공무원법상 징계를 요구할 수도 있다.

이와 관련된 대법원 판결(2005다24318)이 있다. 초등학교 6학년인 학생이 여러 가해학생들로부터 수개월 동안 이유 없이 폭행 등의 괴롭힘을 당하였고, 그 결과 충격 후 스트레스 장애 등의 증상에 시달리다 결국 자살에까지 이르게 되었다. 대법원은, 가해학생들의 학교폭력이 수개월 동안 지속되었으므로 담임교사가 학생들의 동향 등을 보다 면밀히 파악하였더라면 학교폭력을 적발하여 피해학생이 자살하는 일을 사전에 예방할 수 있었고, 피해학생의 부모로부터 격리해 줄 것을 요청받았음에도 이를 거절하고, 가해학생들로부터 반성문 제출과 가해학생들의 부모들로부터 재발방지 약속을 받는 데 그쳤으므로, 담임교사는 피해학생의 자살에 한 원인을 제공한 과실이 있다고 하면서 손해배상책임이 있다고 판결하였다.

이처럼 담임교사가 학교폭력 사건을 은폐하였거나 방임한 사실이 있다면, 해당 교사는 손해배상책임, 형사책임을 지는 것은 물론이고 교육청으로부터 징계처분을 받아 더는 교사로서 활동할 수 없게 될 수도 있다. 그리고 피해학생 측은 학교안전공제회를 통하여 피해를 보상받는 것도 가능하다.

# 학교폭력대책심의위원회 단계

# 학교폭력대책심의위원회 참석 전
# 꼭 알아야 할 3가지 Tip

    아이가 학교폭력 가해학생으로서 학교폭력대책심의위원회의 조치처분을 받게 되면 해당 사실은 생활기록부에 기록되고(처분의 종류에 따라 기재가 유보되는 경우도 있다), 결국 아이는 진학 등에까지 엄청난 불이익을 입게 될 수 있다. 그러기에 부모 입장에서는 이를 어떻게든 막아보려고 노력하기 마련이고, 그 자연스러운 결과 최근에는 학교폭력 사건에 변호사를 선임해서 대응하는 비율도 높아지고 있는 추세이다. 하지만 여러 가지 사유 등으로 변호사 선임 없이 대응해야 나가야 하는 분들도 많다. 그런 분들께 조금이나마 도움을 드리고자, 학교폭력대책심의위원회 참석 전 꼭 알아야 할 3가지 팁을 말씀드리려고 한다.

    **첫 번째, 학교폭력대책심의위원회 출석 전에 의견서와 증거 또 진술서 등을 미리 제출하는 것이 바람직하다.** 학교폭력대책심의위원회 심의를 진행하다 보면 심의 당일에 증거와 진술서 등을 지참해서 오시는 분들이 아주 많다. 물론 심의 당일에도 자신의 입장을 뒷받침하기 위한 자료들을 모두 제출할 수 있다. 다만, 심의위원회 위원들은 이미 심의 당일에 검토해야 할 자료가 상당히 많은 상황이다. 사안조사 보고서, 학생의 자기변론서 및 확인서, 학보호자 확인서 등이 이미 제출되어 있기 때문이다. 게다가 관련 학생이 여러 명인 경우에는 더욱이 사실관계 파악에 정신이 없는 상황일 수 있다. 그런데 심의 바로 직전에 자료들을 가지고 오게 된다면, 또 그 자료의 양이 방대한 경우라면, 이를 꼼꼼하게 검토해서 결과에 반영하는 것이 쉽지만은 않다. 그래서 꼭 말씀드리고 싶은 건, 추가 증거나, 진술서 등 자료들을 제출하고 싶다면, 강조할 부분을 잘 표시하고, 중요한 증거들을 순차적으로 나열하는 등 한눈에 보기 쉽게 잘 정리해서 적어도 심의위원회 하루 전까지는 미리 제출하시라는 것이다. 당일에 제출하는 것보다 당연히 내 입장이 더 잘 반영될 수 있다.

**두 번째는 당사자인 학생이 최대한 진술할 수 있도록 부모님들이 도와주어야 한다는 것이다.**

당연히 부모님이 아이보다는 의사전달력, 방어능력 또 호소력이 높을 수밖에 없다. 하지만 모든 부모님들의 공통점이 하나 있다. 너무 감정적인 부분만을 호소한다는 것이다. 심의위원들은 피해학생 편도 가해학생 편도 아니다. 그렇기 때문에 사실관계만을 놓고 따지지 감정적인 호소에 판단이 흐려지지는 않는다. 즉, 사실관계는 뒷전으로 하고 너무 감정적인 부분들만 주장하려 하다 보면 더욱 불리한 결과가 발생할 수 있다.

그래서 차라리 학교폭력대책심의위원회 참석 전에 아이와 진지하게 이야기를 나누면서 사실관계, 아이의 생각, 사건의 전후사정 또 왜 그런 일이 발생했는지 등을 구체적으로 정리하고, 이를 아이로 하여금 직접 진술하게끔 하는 편이 낫다. 물론 아이가 곤란해하거나 말문이 막힐 경우 혹은 기존의 생각을 표현의 미숙함 등으로 인해 잘못 표현하는 경우 등에는 직접 개입하여 부가적인 설명을 해 주는 것도 현명한 방법이다. 사실 학교폭력대책심의위원회 참석 전에 입장을 정리한 의견서를 제출하는 것이 가장 좋지만, 그렇지 못한 경우라면 심의 당일에 객관적인 사실관계를 이해할 수 있게끔 진술하는 것에 집중하여야 하고, 진술 기회를 감정적인 부분에

만 호소하는 데에 낭비하지 말라는 것이다.

세 번째, 학교폭력대책심의위원회에 참석하는 심의위원들을 존중하는 태도로 질의응답에 임해야 한다는 것이다.

심의위원들은 학생을 처벌하기 위해 모인 것이 아니라, 선도하기 위해 모인 사람들이다. 다만, 신고된 내용에 대한 사실관계 확인을 해야 하기에 부모의 입장에서는 '왜 우리 애만 나쁜 놈으로 몰아가냐'는 생각이 들 수 있고, 다소 공격적인 질문을 받는 것처럼 느껴질 때도 있을 것이다. 하지만 그렇다고 심의위원들을 내 아이의 적이라고 판단하거나, 내 아이가 뭘 잘못했냐는 듯한 태도로 질의응답에 임해서는 절대 안 된다. 심의위원들도 사람이기 때문에 제각각의 심증을 갖기 마련이다. 존중하는 태도로, 내 아이의 입장을 차분히 전달해야만 불필요하게 나쁜 심증이 형성되는 것을 차단할 수 있다.

# '학교폭력대책심의위원회'는
# 어떤 기준으로 판단할까
## [학교폭력대책심의위원회의 절차, 질의사항, 조치처분 기준 등]

'학교폭력대책심의위원회 참석 통지서를 받았어요. 우리 아이가 학교폭력대책심의위원회에서 어떤 징계를 받게 될까요?'

학교폭력 변호사로 일하며 가장 많이 받는 질문 중 하나이다. 학교폭력대책심의위원회 절차, 학교폭력대책심의위원회 심의 기준 등을 이해한다면, 내 자녀가 받을 수 있는 학교폭력대책심의위원회 조치처분 정도에 대해서도 대략적으로는 예측해 볼 수 있으리라 생각한다.

### 1. 학교폭력대책심의위원회 절차?

학교폭력대책심의위원회 참석통지서를 받고 출석하게 되면 통상 피해학생 → 가해학생 순으로 진술 절차를 갖게 된다. 진술 절차는 통상 15분~30분 정도 걸린다. 물론 사안이 복잡한 경우 심의가 30분을 넘는 시간 동안 이어지기도 한다.

학교폭력대책심의위원회 절차 진행 순서는 다음과 같다. 소속학교, 학년, 반을 먼저 질문 받고, 부모님과 함께 출석했다면 서로 간의 관계에 대해 확인한다. 그리고 참석한 학교폭력대책심의위원회 위원들 중 공정한 심의를 하기 어렵다고 생각되는 심의위원이 있는지 기피 신청 관련 질문을 받게 되고, 사안에 대한 설명(통상은 통보서 내용으로 갈음)을 들은 뒤 혹 알고 있는 내용과 다른 부분이 있는지에 대한 질문도 받게 된다. 이후 본격적인 질의가 시작된다.

대략 30분 정도 이루어지는 조사 시간 동안 **학교폭력대책심의위원회 질문으로 어떤 질문을 받게 되는지** 많이들 궁금해하신다. 사건 당사자의 평소 관계, 언제부터 알고 지냈는지, 친밀한 관계였는지, 사이가 틀어졌다면 그 계기는 무엇이었는지 등에 대한 질문이 통상적으로 이루어지고, 사안의 구체적인 경위에 대해 직접 설명해 보라는 질문도 빈번히 이루어진다. 서로 간의 진술이 엇갈리는 상황이라면 이 과정에서 누구의 말이 더 신빙성 있는 것인지가 드러나기 때문이다.

물론 각 사건마다 질문은 천차만별로 다르다고 볼 수 있다. 때문에 꼭 학교폭력 변호사를 선임하지 않는다 하더라도, 전문가의 도움을 받아 사전에 '학교폭력대책심의위원회' 과정을 연습만이라도 해 보게 된다면 실제 상황에서 큰 도움이 된다.

## 2. 학교폭력대책심의위원회 판단 기준?

학교폭력대책심의위원회는 우선 신고된 사실관계가 있었는지를 판단한다. 그리고 사실관계가 확정되면 해당 사실관계가 학교폭력에 해당하는지 여부를 판단하게 된다. 학교폭력에 해당되지 않는다고 한다면 조치없음 결정이 이루어질 것이다. 하지만 학교폭력에 해당한다는 판단이 선다면, 이후에는 학교폭력의 ① 심각성, ② 지속성, ③ 고의성, ④ 가해학생의 반성정도, ⑤ 화해의 정도라는 다섯 가지 항목을 고려하여 가해학생 조치처분을 의결하게 된다.

학교폭력대책심의위원회 위원들은 위 다섯 가지 항목에 각각 점수를 부여하게 된다. 신고된 행위의 심각성이 얼마나 큰지, 지속성이 있는지 아니면 일회적인지, 아주 고의적으로 이루어진 행위인지, 반성 정도는 큰지, 화해가 이루어질 가능성은 얼마나 되는지 등을 고려하여 각 항목마다 0~4점까지의 점수를 부여하게 된다. 학교폭력대책심의위원회는 위 5가지 항목의 점수를 모두 합산한 점수에 따라 1호~9호까지의 처분을 결정하게 되는 것이다.

항목이 5가지로 합산하는 경우 점수가 쉽게 올라갈 수 있기 때문에, 4호 이상의 처분으로 생활기록부에 기재될 가능성도 생각보다 쉽게 발생한다. 때문에 우선은 현 상황이 어떤 상황인지, 다섯 가지 항목에 대해 구체적으로 생각해 보면서 앞으로의 대응 방안에 대해 고민해 보는 것이 좋다.

### 3. 학교폭력대책심의위원회 조치처분 종류?

합산된 점수에 따라 서면사과, 접근금지, 교내봉사, 사회봉사, 특별교육, 출석정지, 학급교체, 전학, 퇴학처분이 이루어질 수 있다. 이 중 퇴학처분은 의무교육 과정 중에 있는 초등학교, 중학교 학생들에게는 해당되지 않는다. 고등학교 학생들에게만 해당되는 내용이니 참고하면 좋을 것이다. 이렇게 모든 조사가 끝나면, 불복 절차에 대한 안내 등을 받고 학교폭력대책심의위원회 절차는 마무리된다.

학교폭력가해학생 조치별 적용 세부 기준 고시 [별표]

| | | | 기본판단요소 | | | | | 부가적 판단요소 | |
|---|---|---|---|---|---|---|---|---|---|
| | | | 학교폭력의 심각성 | 학교폭력의 지속성 | 학교폭력의 고의성 | 가해학생의 반성 정도 | 화해 정도 | 해당 조치로 인한 가해학생의 선도 가능성 | 피해학생이 장애학생인지 여부 |
| 판정점수 | | 4점 | 매우 높음 | 매우 높음 | 매우 높음 | 없음 | 없음 | 해당점수에 따른 조치에도 불구하고 가해학생의 선도 가능성 및 피해학생의 보호를 고려하여 시행령 제14조5항에 따라 학교폭력대책심의위원회 출석위원 과반수의 찬성으로 가해학생에 대한 조치를 가중 또는 경감할 수 있음 | 피해학생이 장애학생인 경우 가해학생에 대한 조치를 가중할 수 있음 |
| | | 3점 | 높음 | 높음 | 높음 | 낮음 | 낮음 | | |
| | | 2점 | 보통 | 보통 | 보통 | 보통 | 보통 | | |
| | | 1점 | 낮음 | 낮음 | 낮음 | 높음 | 높음 | | |
| | | 0점 | 없음 | 없음 | 없음 | 매우 높음 | 매우 높음 | | |
| 가해학생에 대한 조치 | 교내 선도 | 1호 | 피해학생에 대한 서면 사과 | 1~3점 | | | | | |
| | | 2호 | 피해학생 및 신고·고발 학생에 대한 접촉, 협박 및 보복행위의 금지 | 피해학생 및 신고·고발 학생의 보호에 필요하다고 심의위원회가 의결할 경우 | | | | | |
| | | 3호 | 학교에서의 봉사 | 4~6점 | | | | | |
| | 외부 기관 연계 선도 | 4호 | 사회봉사 | 7~9점 | | | | | |
| | | 5호 | 학내외 전문가에 의한 특별 교육이수 또는 심리치료 | 가해학생 선도·교육에 필요하다고 심의위원회가 의결할 경우 | | | | | |
| | 교육 환경 변화 | 교내 6호 | 출석정지 | 10~12점 | | | | | |
| | | 7호 | 학급교체 | 13~15점 | | | | | |
| | | 교외 8호 | 전학 | 16~20점 | | | | | |
| | | 9호 | 퇴학처분 | 16~20점 | | | | | |

# 학교폭력 기준, 학교폭력대책심의위원회에서 어떤 점을 근거로 학교폭력을 인정하는지 궁금하다면

조별 과제 시간이었다. 선생님께서는 조별 모임을 할 수 있도록 책상 정렬을 바꿔 앉으라고 말씀하셨다. 초등학교 4학년인 학생들은 앞을 보고 있던 책상들을 조별 과제를 할 수 있도록 네 개씩 붙인 뒤 자리에 앉았다. 수업 시간을 알리는 종이 울렸지만 소영(가명)이는 쉬는 시간부터 보고 있었던 유튜브 영상이 너무 재미있어 도무지 끄기가 쉽지 않았다. 책상 밑에 손을 숨기고 선생님 몰래 유튜브 영상을 보고 있었다.

그때 옆자리에 앉아 있던 지우(가명)가 소영이 손등을 살짝 치는 바람에 핸드폰이 지우 손에서 떨어졌다. 핸드폰이 떨어지면서 쿵 소리가 났다. 지우는 "선생님~ 소영이 핸드폰 봐요."라고 선생님께 말했다. 소영이는 얼굴이 빨개졌다.

지우 어머니는 얼마 뒤 지우가 학교폭력으로 신고되었다는 전화를 받게 되었다. **소영이가 지우가 자신의 손등을 때렸다며 신체폭력을 주장하고, 친구들 앞에서 모욕을 했다고까지 주장한다는 것이다.** 지우 어머니는 당혹스러울 뿐이었다. 손등을 살짝 치거나, 핸드폰을 본다는 사실을 이야기한 것은 조금 미안하기도 했지만, 학교폭력이라니? 비현실적인 상황 속에 놓여 있는 것 같았다.

학교에서는 소영이 부모님께서 학교장 자체해결 의사가 전혀 없으신 상황이라 사안이 학교폭력대책심의위원회로 올라가야 할 수밖에 없다며, 자신들도 굉장히 당혹스럽다는 의사를 전했다. 학교폭력대책심의위원회를 앞두고 지우 어머니는 잠을 이룰 수가 없었다. 최근 학교폭력 사안이 굉장히 엄중히 다루어지고 있다는데, 이런 아이의 행동이 정말 학교폭력으로 인정될까, 두렵기만 하다.

학교폭력 기준에 대해 물어보시는 부모님들이 많이 계신다. 학교폭력대책심의위원회에서 어떤 점을 근거로 학교폭력을 인정하는지 잘 모르겠다고, 우리 아이의 행동이 정말 학교폭력 기준에 따라 학교폭력으로까지 인정될 수 있을 만한 사안이냐고 많이들 질문을 해 주시는 것이다.

학교폭력예방법은 "학교폭력"이란 학교 내외에서 학생을 대상으로 발생한 상해, 폭행, 감금, 협박, 약취·유인, 명예훼손·모욕, 공갈, 강요·강제적인 심부름 및 성폭력, 따돌림, 사이버 따돌림, 정보통신망을 이용한 음란·폭력 정보 등에 의하여 신체·정신 또는 재산상의 피해를 수반하는 행위를 말한다고 규정하고 있다. 즉, 상해 등 행위로 인하여 학생에게 피해를 발생시켰다면 학교폭력이 인정될 수 있다는 것이다. 법문언상 그 인정 범위가 무한정 확대될 수 있는 측면이 있다고도 볼 수 있다. 이러한 점 때문에, 놀리는 말 한 마디, 발을 거는 행위 하나까지가 학교폭력대책심의위원회에서 학교폭력으로 인정되는 경우도 빈번하게 발생하고 있다.

하지만 학생들이 학교생활을 하는 과정에서 발생하는 모든 갈등이나 다툼을 학교폭력으로 규율하는 것은 바람직하지 않다. 학생들이 학교생활을 하는 과정에서 크고 작은 갈등이나 다툼이 생기는 것은 자연스럽고, 그 갈등이나 다툼을 모두 나쁜 것이라고 단정할 수 없기 때문이다.

때문에 법원은 위와 같은 점을 고려하여 학교폭력 개념을 지나치게 확대해석하여 너무나 많은 학교폭력 가해학생을 만들어 내는 것은 바람직하지 않다는 점을 분명히 이야기하고 있기도 하다.

초등학교 4학년인 지우가 소영이의 손등을 살짝 치고, 소영이가 핸드폰을 본다는 사실을 말한 것을 학교폭력으로 규율하는 것은 다소 어렵다고 생각된다. 학교폭력대책심의위원회에서 학교폭력이 인정되고, 1호 처분인 서면사과 처분이 나왔다면, 비록 경미한 조치라 할지라도 학교폭력 가해학생이라는 사실이 인정된 것이므로 다퉈볼 만한 이유가 충분히 있다고 생각된다. 학교폭력 개념이 지나치게 확대해석된 것으로 볼 여지가 있기 때문이다.

# 학교폭력 대응 매뉴얼

학교폭력대책심의위원회 위원으로 활동하다 보면, 학교폭력 피/가해학생들이 자신에게 유리하다고 생각하여 말한 것들이 오히려 학교폭력대책심의위원회 위원들로 하여금 부정적인 결과를 의결하도록 만드는 경우를 생각보다 많이 접하게 된다. 이럴 때면 학교폭력 가해학생의 경우에는 이렇게, 학교폭력 피해학생의 경우에는 이렇게 대응하면 좋을 것 같다는 생각들도 하게 된다. 물론 학교폭력대책심의위원회 참석 전 변호사로부터 상담을 받거나, 대리인의 입회 하에 학교폭력대책심의위원회에 출석하여 대응한다면 예상치 못한 일을 겪는 것은 최소화할 수 있다. 하지만 이렇게 하기 어려운 상황이라면, 적어도 아래의 학교폭력 대응 매뉴얼이라도 한번 참고하기를 권한다.

**\* 가해학생의 경우, 학교폭력 대응 매뉴얼**

1. 가해사실을 인정하는지, 부인하는지 등 입장부터 명확히 정리하자.

학교폭력대책심의위원회에 출석하면 학교폭력 가해학생은 신고된 사실관계의 인정 여부를 먼저 질문받게 된다. 학교폭력대책심의위원회 출석 전 자신의 입장을 미리 충분히 정리하지 않은 경우에는 이도저도 아닌 입장을 취함으로써 학교폭력 인정 여부와 처분 수위 등에 있어 불리한 결과를 받을 가능성이 높아지게 된다. 따라서 학교폭력 가해학생으로 신고가 되어 학교폭력대책심의위원회에까지 출석해야 할 상황에 처했다면 잘못을 인정하는 상황인지, 억울한 상황인지, 일부는 인정하지만 일부는 부인하는 상황인지 등 자신의 입장을 먼저 잘 정리하는 것이 필요하다.

2. 입장에 따라 취해야 할 태도가 다름을 기억하자.

자신의 입장이 명확해졌다면, 취한 입장에 따라 학교폭력대책심의위원회에서 취해야 할 태도도 다를 수 있다는 점을 기억해야 한다. 가해사실을 인정하는 경우에는 자신의 행동을 철저히 반성하고 피해학생에 대한 사과의 마음을 분명히 표시할 필요가 있다. '그냥 장난이었어요'라던지, '별 생각 없이 한 행동이었어요'라는 등의 말을 괜히 더할 필요가 없다. 내 잘못을 인정하고, 합당한 처분을 받기로 한 상황이라면 오히려 장난이었다는 등의 말이 더 불리한 결과를 초래할 수 있기 때문이다.

반면 가해사실을 부인한다면 자신이 가해학생이 아니라는 주장에 부합하는 증거들을 학교폭력대책심의위원회 위원들에게 분명하게 보여줄 필요가 있다. 이때 학교폭력대책심의위원회 참석 전 증거를 첨부한 구체적인 의견서를 작성하여 제출하는 것이 큰 도움이 된다. 의견서는 학교폭력대책심의위원회 위원들이 검토할 시간이 짧다는 점을 고려하여 간명하게 작성하는 것이 좋다.

3. 학교폭력 여부, 조치처분 수위 등에 참작될 만한 사유가 있다면 적극적으로 소명하자.

정당방위 상황이 있었다든지, 학교폭력 피해학생이라고 주장하는 측으로부터 오히려 평소 학교폭력을 당해 왔었다든지 등 학교폭력 여부와 조치처분 수위 등에 참작될 만한 사유가 있다면 적극적으로 소명하는 것이 필요하다.

**\* 피해학생의 경우, 학교폭력 대응 매뉴얼**

1. 피해 사실을 구체적이고 일관되게 진술하자.

학교폭력대책심의위원회 당일 피해 사실을 구체적이고 일관되게 진술하는 것이 필요하다. 진술이 이랬다저랬다 번복되는 경우에는 그 신빙성이 떨어지는 것으로 판단될 가능성이 높기 때문이다. 내가 당한 피해사실과 관련하여 날짜, 상황, 행동, 목격자 등을 구체적으로 기재해 둔다면 학교폭력대책심의위원회 당일 피해사실을 구체적이고 일관되게 진술하는 데에도 큰 도움이 된다.

2. 제출한 증거들의 취지를 간명하게 설명하자.

학교폭력대책심의위원회 위원들 입장에서는 여러 가지 자료들이 뭉텅이로 제출되는 경우, 어떤 주장 내용을 뒷받침하기 위한 자료들인지 도통 분별하기가 어려울 수 있다. 피해사실과 관련해서 증거들을 첨부한 간단한 의견서를 제출하면서, 제출한 증거들의 취지를 간단히 덧붙이면 판단에 도움을 받을 수 있다.

3. 어떤 처분을 바라는지 자신의 입장을 명확히 전달하자.

학교폭력 가해학생이 학교폭력대책심의위원회 조사 과정을 통하여 자신의 잘못을 깨닫고 분명히 사과하기를 바라는 마음에서 학교폭력대책심의위원회까지 온 것인지, 엄벌을 원하는 상황인지, 현재 심리 상태가 매우 불안하여 상담 등 치료를 받고 싶은 상황인지 등 자신이 학교폭력대책심의위원회까지 온 입장을 학교폭력대책심의위원회 위원들에게 명확히 전달하는 것이 좋다.

# 공부는 못해도, 우리 아이는 참 착해요

"공부는 못해도, 우리 아이는 참 착해요." 학교폭력대책심의위원회 심의를 진행하다 보면 가해학생 측 부모님께로부터 가장 많이 듣는 이야기 중 하나이다. 가해학생 측 부모님은 아이가 공부는 못해도, 학교폭력에 해당하는 문제 행위를 할 만한 아이는 결코 아니라는 점을 꼭 이야기하고 싶어 한다.

하지만 학교폭력 자체를 부인하는 경우가 아니라고 한다면, 이런 부모님의 말이 과연 아이에게 도움이 될까?

학교폭력 가해학생 측 부모님들께 반드시 전하고 싶은 이야기가 있다.

우선은 현실을 객관적으로 바라보고 입장부터 바로 정리해야 한다는 것이다. 객관적으로 내 아이의 행동에 잘못된 점이 있다고 판단된다면, 학교폭력을 인정하고 반성하는 입장을 취해야 할 것이고, 객관적으로 학교폭력대책심의위원회 심의에 회부된 것 자체가 너무나 억울하고 당황스럽다고 한다면 학교폭력이 아니라고 적극적으로 다투는 입장을 취해야 할 것이다. '우리 아이는 착한 아이니까, 품 안의 자식이니까.'라는 생각은 잠시 내려놓고, 현 상황을 객관적으로 바라보아야만 바람직한 입장을 취할 수 있고,

아이를 위한 최선의 대응도 할 수 있기 때문이다.

잘못을 인정하고, 반성하는 입장을 취하는 경우라고 한다면 심의위원들 앞에서 '우리 아이는 참 착해요'라는 말을 하는 것이 좋은 방향으로 작용하지는 않을 것이다. 나도 심의를 진행하면서 이런 이야기를 들었을 때, 특히 '부모님 발언을 학생의 발언으로 생각해도 괜찮겠냐'는 질문에 아이가 '네'라고 답했을 때(당연한 일이다), 다른 심의위원들과 마찬가지로 부모가 아이의 잘못은 생각하지 않은 채 그저 내 아이라고 감싸기만 하는구나, 라고 생각했던 경우가 많았다. 유리한 결과를 받고자 한다면, 특히 학교폭력을 인정하는 사안이라면 내 아이의 잘못을 인정하고 이를 부모로서 단호하게 선도하겠다는 인상을 주는 것이 더 도움이 된다.

둘째로 피해학생 측과 강제적인 화해를 시도하는 것은 바람직하지 않다는 것이다. 이런저런 검색을 통해 반성정도와 화해정도에서 유리한 점수를 받아야 한다고 알고 계신 학부모님들이 많이 계신다. 그중에서는 학교폭력대책심의위원회 개최 전 무작정 피해학생을 찾아가거나 계속적으로 연락을 시도하는 분들도 있다. 피해학생 측에서는 당연히 강압적이고 불쾌하게 느낄 수밖에 없다. 특히 학교폭력대책심의위원회 직전에 이런 화해를 시도하려고 했다면, 유리한 조치처분을 위한 그저 계획적인 명목상의 행동으로밖에 느껴지지 않을 것이다. 피해학생 측이 원하지 않는다면, 차라리 진심어린 사과의 편지 등을 학교폭력전담선생님 등을 통하여 전달할 수 있도록 하고, 해당 편지를 학교폭력대책심의위원회에 이후 제출할 수 있도록 하는 것이 바람직하다.

마지막으로, 아이와 충분한 대화의 시간을 가지고 필요한 내용들을 하나둘씩 차분히 정리해 보시라는 거다. 증거가 없어 안타깝다고 호소하시면서, 무턱대고 '우리 아이는 착해요~ 그런 아이가 아니에요.' 하시는 학부모님들이 많이 계신다. 우선은 학교폭력 사안을 인지한 뒤 아이와 충분한 대화를 하는 것이 반드시 필요하다. 이 과정에서 어떤 증거들을 확보해야 하는지, 학교폭력 전담기구에 어떤 내용을 조사해 달라고 요청해야 하는지 알 수 있기 때문이다. 아이와 대화 도중 아이의 억울함을 대변해줄 목격자가 있고, 이런 목격자에 대한 조사가 필요한 상황임을 알게 되었다면, 또 그 아이와 직접 소통은 어려운 상황이라면 학교폭력 전담기구 등에 이런 목격자에 대한 조사를 적극적으로 해 줄 것을 요청할 수도 있을 것이다.

엄마인 나는 안다. 내 아이가 공부는 못해도 학교폭력에 해당할 일을 할 아이는 절대로 아니라는 걸. 하지만 내 아이를 위해서라도 감정적인 발언을 조금은 자제할 필요가 있다. 무엇이 내 아이를 위한 이야기인지 한 번 더 생각해 볼 필요가 있다.

# 학교폭력 가해학생 처벌에는
# 어떤 종류가 있을까

　학교폭력의 당사자가 된 내 아이. 아이에게 어떻게 처분이 내려지는지, 과연 적절한 처분이 내려진 건지 부모로서 잘 알아야 함은 물론이다. 그래야 무슨 노력을 기울여야 되는지, 처분을 수용해도 될지, 불복을 진행해야 할지 결정할 수 있을 테니 말이다. 피해학생 측인 경우도 마찬가지이다. 전학처분이나 퇴학처분이 이루어지지 않으면 무조건 불복하시는 분들이 있다. 하지만 이렇게 처분의 의미를 이해하지 못한 채 무분별하게 제기한 이의는 실효성도 없고, 심신만 더욱 지치게 하는 부작용을 초래할 수 있다.

　그래서 지금부터는 학교폭력 가해학생 처벌의 종류에 대해 알기 쉽게 설명하고자 한다. 이하에서 설명하는 내용은 심의위원회의 조치에 대한 것일 뿐이고, 추가적으로 피해학생이 형사고소나 민사상 손해배상 청구를 할 수도 있다는 점은 알고 있어야 한다.

　학교폭력예방법 제17조는 가해학생 조치에 대해 규정하고 있다. 학교폭력대책심의위원회에서는 1차적으로 총 다섯가지 인자를 고려해서 가해학생 처분을 결정한다. 바로 ① 학교폭력의 심각성, ② 지속성, ③ 고의성, ④ 가해학생의 반성정도, ⑤ 화해의 정도이다. 각각의 인자에 0점부터 4점까지의 점수를 부여하고, 이를 합산한 점수에 따라 1호부터 9호까지의 처분이 결정된다.

학교폭력대책심의위원회 위원들은 피/가해학생에 대한 조사를 모두 마친 뒤 모여 위의 각 요소별 점수에 대해 협의한다. 점수는 심의위원 과반수 이상의 의견에 따라 정해지는 것이지, 각 위원들의 점수를 평균해서 정해지는 것은 아니다. 아무래도 학교폭력대책심의위원회에서 계속적으로 학교폭력 사안을 처리하기 때문에 위원들에게는 집적된 케이스들이 많이 있다. 점수를 부여하는 과정에서는 자연히 앞선 유사 사례들과의 형평을 고려하게 된다.

학교폭력 가해학생 조치별 적용 세부 기준 고시 [별표]

| | | | 기본판단요소 | | | | | 부가적 판단요소 | |
|---|---|---|---|---|---|---|---|---|---|
| | | | 학교폭력의 심각성 | 학교폭력의 지속성 | 학교폭력의 고의성 | 가해학생의 반성정도 | 화해정도 | 해당 조치로 인한 가해학생의 선도 가능성 | 피해학생이 장애학생인지 여부 |
| 판정점수 | | 4점 | 매우 높음 | 매우 높음 | 매우 높음 | 없음 | 없음 | 해당점수에 따른 조치에도 불구하고 가해학생의 선도 가능성 및 피해학생의 보호를 고려하여 시행령 제14조5항에 따라 학교폭력대책심의위원회 출석위원 과반수의 찬성으로 가해학생에 대한 조치를 가중 또는 경감할 수 있음 | 피해학생이 장애학생인 경우 가해학생에 대한 조치를 가중할 수 있음 |
| | | 3점 | 높음 | 높음 | 높음 | 낮음 | 낮음 | | |
| | | 2점 | 보통 | 보통 | 보통 | 보통 | 보통 | | |
| | | 1점 | 낮음 | 낮음 | 낮음 | 높음 | 높음 | | |
| | | 0점 | 없음 | 없음 | 없음 | 매우 높음 | 매우 높음 | | |
| 가해학생에 대한 조치 | 교내 선도 | 1호 | 피해학생에 대한 서면 사과 | 1~3점 | | | | | |
| | | 2호 | 피해학생 및 신고·고발 학생에 대한 접촉, 협박 및 보복행위의 금지 | 피해학생 및 신고·고발 학생의 보호에 필요하다고 심의위원회가 의결할 경우 | | | | | |
| | | 3호 | 학교에서의 봉사 | 4~6점 | | | | | |
| | 외부 기관 연계 선도 | 4호 | 사회봉사 | 7~9점 | | | | | |
| | | 5호 | 학내외 전문가에 의한 특별 교육이수 또는 심리치료 | 가해학생 선도·교육에 필요하다고 심의위원회가 의결할 경우 | | | | | |
| | 교육환경 변화 | 교내 6호 | 출석정지 | 10~12점 | | | | | |
| | | 7호 | 학급교체 | 13~15점 | | | | | |
| | | 교외 8호 | 전학 | 16~20점 | | | | | |
| | | 9호 | 퇴학처분 | 16~20점 | | | | | |

물론 학교폭력대책심의위원회 위원들은 매우 심각한 사안 외에는 각 항목별로 3점~4점을 주는 경우는 잘 없다. 그러나 1점~2점이라고 하더라도 그 합계를 내보면 생활기록부에 반영될 수 있는 점수가 될 수도 있기 때문에 각 항목별 자기변호를 잘해야 한다는 건 꼭 명심해야 한다.

왜냐면 이렇게 5가지 항목에 중간점수인 2점씩 받아도 총 10점으로 출석정지까지 이어질 수 있기 때문이다. 각 항목별로 어떻게 대응하고, 또 스스로를 변론하는지가 당연히 중요할 것이다.

간략하게 5가지 항목의 합산점수에 따른 처분을 잠시 살펴보겠다.

합계 3점까지는 당사자 간에 서면사과로 끝낼 수 있다. 그리고 4점부터 6점까지는 교내봉사활동 7점부터 9점까지는 교내가 아닌 외부기관에서의 사회봉사, 그리고 그 이상부터는 봉사로 끝나지 않는다. 10점~12점은 출석정지, 13점~15점은 학급교체, 그리고 16점~20점은 전학 또는 퇴학 처분이 이루어지게 된다. 여기서 퇴학처분은 의무교육을 받는 초중학생에는 해당되지 않고, 고등학생에게만 해당된다고 보면 된다.

이렇게 학교폭력대책심의위원회가 병과한 조치사항 모두 생활기록부에 기재된다.

다만, 1호~3호 조치의 경우에는 조치사항을 이행하지 않거나 동일 학교급에 재학하는 동안 다른 학교폭력 사건으로 조치를 받은 경우에만 조건부로 그 기재가 유보되기 때문에, 만약 아예 학교폭력 자체를 부인하는 경우가 아니라고 한다면 전문가의 도움을 받아서라도 학교폭력대책심의위원회 단계에서 1호~3호 조치를 받을 수 있도록 노력하는 것이 필요하다.

내 아이가 학교폭력의 가해학생의 지위에 놓여 있다면, 우선은 학교폭력을 인정할지, 학교폭력을 부인하고 다툴지 그 입장부터 정리하는 것이 필요할 것이다. 그 이후에는 생활기록부에 기재되는 조치를 받지 않도록 고민해야 한다. 1호~3호까지의 조건부 유예조치를 받을 방법이 무엇인지에 대해 고민하고, 준비하는 것이 필요한 것이다.

# 학교폭력대책심의위원회,
# 조치처분 수위를 정할 때 무슨 이야기를 할까

　아무리 바쁘더라도 지키려는 일정이 있는데, 바로 학교폭력대책심의위원회에 참석하는 일정이다. 보통 학교폭력대책심의위원회 일정은 2~3주 전에 정해지지만, 2~3주 전에 심의할 사건의 자료나 내용을 전달받지는 않는다. 사실 이런 부분은 학교폭력대책심의위원회 위원이나 위원장을 해보지 않은 사람들은 알 수가 없는 부분이기도 하다.

　학교폭력대책심의위원회 위원들은 학교폭력대책심의위원회 당일에 교육지원청에 출석한 자리에서 학교폭력 사건에 관한 자료를 받아 본다. 그래서 학교폭력대책심의위원회에 제출하는 자료는 무조건 많이 낸다고 좋은 것이 아니고, 사건과 관련된 자료를 적절하게 정리하여 핵심적인 것을 전달하려는 노력이 필요하다(학교폭력대책심의위원회 위원장으로 활동하며 자료를 어떤 식으로 정리하여 제출하는 것이 위원들을 설득하기에 가장 적절한지에 관해 자연스럽게 알게 되었다).

　학교폭력대책심의위원회 위원은 교장 또는 교감선생님, 학부모, 교수, 변호사, 학교폭력전담경찰관 등으로 구성되어 있다. 학교폭력대책심의위원회 위원은 대부분 본업이 따로 있다 보니 재적위원 전원이 참석하는 사건은 생각보다 많지 않았고, 보통은 5~6명 위원이 참석한 사건이 많았다.

학교폭력대책심의위원회 위원들은 출석하자마자 책상 위에 올려진 서류들과 노트북 또는 태블릿PC에 저장된 자료들을 보며 사건을 파악한다. 사건 자료를 정리한 장학사에게 질문을 하기도 하고, 어떤 질문을 할 것인지 협의를 하기도 하며, 사건의 특성에 따라 질문할 위원을 미리 협의하기도 한다. 특히, 성 사안의 경우 여학생에게는 여성 위원이 질의를 하도록 합의하는 경우가 많고, 이 경우 해당 위원에게 질의사항을 미리 요청해 놓기도 한다.

학교폭력대책심의위원회 위원들이 관심을 갖는 것은 피해학생이 주장하는 내용이 사실인지, 만약에 사실이라면 그 사실이 학교폭력에 해당하는 것으로 볼 수 있는지, 학교폭력에 해당한다면 어떤 조치를 내릴 것인지이다.

특히, 학교폭력대책심의위원회 위원들이 격렬하게 논의하는 부분은 사실관계의 인정과 조치처분의 수위에 대한 것이다. 학교폭력에 해당하는지 여부에 대해서는 보통 의견이 일치하기 마련이었던 것 같다.

가해학생이 사실관계를 인정하고 있는 경우라면 특별한 사정이 없는 한 그러한 사실이 있다고 인정할 수 있지만, 서로 진술이 다른 경우 객관적 자료를 통하여 사실관계를 파악해 나갈 수밖에 없다. 그리고 객관적 자료가 있음에도 이에 명백하게 반하는 거짓말을 많이 하였다면 그 학생의 말은 신빙성이 떨어질 수밖에 없다. 학교폭력대책심의위원회 심의를 아무리 준비하여도 예상 밖 질문은 있을 수밖에 없으므로 객관적 자료와 모순되는 말이 나오기 마련이고, 결국 거짓말은 들통나게 된다.

학교폭력대책심의위원회 위원들은 가해학생을 엄벌하려는 마음을 가진 사람들이 아니다. 오히려 거짓된 변명으로 일관하며 반성하지 않는 학생을 보면 안타까워하는 사람들이 많다. 하지만 거짓말이 들통나는 경우 학교폭력 조치 수위가 올라갈 수밖에 없다.

왜냐하면 학교폭력대책심의위원회에서 의결하는 학교폭력 조치는 5개의 판단요소에 대하여 점수를 산정하고 합산하여 학교폭력 처벌 수위를 정하는데, 5개의 판단요소 중 2개가 반성 부분과 화해 부분이기 때문이다. 총 20점 중 8점이 반성과 화해에 걸려 있는 것이다. 반성하지 않고 거짓말하는 학생의 경우 반성 부분에서 높은 점수를 받게 되고, 거짓말을 하는데 화해가 되었을 리가 없는 경우가 많으므로 화해 부분의 점수도 불리하게 받는 경우가 많다.

어른들 중 미성숙한 학창시절을 겪지 않은 사람은 없다. 가해학생의 생활기록부에 학교폭력 처벌 전력이 남아 장래에 불이익을 받기를 원하는 사람도 없다. 진심으로 반성하고 사과하는 학생의 그 마음은 전해지기 마련이고, 학교폭력대책심의위원회 위원들도 이러한 반성의 마음을 최대한 고려하여 조치를 의결한다. 그러나 생각보다 진심으로 반성하는 가해학생은 많지 않다.

사안이 학교폭력대책심의위원회에 올라갔다고 하더라도 늦지 않았다. 학교폭력대책심의위원회 위원들은 자신의 잘못을 인정하고 진심으로 사과를 하는 것을 오히려 기다리고 있다.

# 학교폭력 생활기록부 기재와 삭제는
# 언제, 어떤 식으로 이루어지는 걸까?

　학교폭력에 연루된 학생들과 부모님들께서 가장 신경쓰시는 문제는 당연 학교폭력 생활기록부 문제이다.

　학교폭력대책심의위원회 결과 학교폭력이 인정된다는 이유로 '가해학생 조치사항'을 받게 되는 경우, 학교는 '조치결정 통보 공문'을 접수한 즉시 관련 내용을 학교생활기록부에 기재하게 된다.

　이하에서는 학교폭력 생활기록부 기재와 삭제, 학교폭력 생활기록부 기재는 언제, 어떤 식으로 이루어지는지 등과 관련하여, 상담 중 가장 많은 질문을 받았던 내용들 위주로 간단히 설명을 드려보고자 한다.

　1. "불복을 위해 행정심판이나 소송을 제기한 경우에는 기재 자체가 유보되는 것 아닌가요?"
　가해학생 조치사항을 통보받은 뒤 도무지 이를 받아들일 수 없다는 생각에 불복을 위한 행정심판이나 소송을 제기하신 분들도 있으실 것이다. 하지만 이런 경우에도 앞서 말씀드린 바와 같이 조치결정 통보 공문이 접수되자마자 곧바로 기재된 학교폭력 생활기록부의 내용이 당장에 삭제가 되어 한동안 그 기재 자체를 유보하게 되는 것이 아니고, 향후에 조치가 결과적으로 변경되거나 취소될 경우에 한하여 이를 수정하도록 되어 있을 뿐이다. 많이들 오해하고 계신 부분 중 하나이다.

2. 피해학생 조치사항도 입력되나요?

많은 부모님들께서 마음쓰시는 부분들 중 '피해학생 조치사항'도 입력되는 것 아닌가 하는 문제가 있다. 피해학생 역시 학교폭력 신고를 통해 학교폭력을 인정받게 되는 경우, ① 학내외 전문가에 의한 심리상담 및 조언, ② 일시보호, ③ 치료 및 치료를 위한 요양, ④ 학급교체, ⑤ 그 밖에 피해학생의 보호를 위하여 필요한 조치를 보호조치로서 받을 수가 있게 된다. 이렇게 조치결정을 통보받게 된 피해학생으로서도 내가 학교폭력에 연루되었던 피해학생이라는 사실이 혹 생활기록부에 기재되어, 혹여 나중에 진학 등에 있어서 불리한 영향을 미치는 것은 아닌가라는 생각을 가지게 될 수 있다.

내가 마치 학교생활에 잘 적응하지 못했다거나 하는 불리한 요소로 작용하게 되는 것은 아닐지, 피해를 당한 안타까운 상황 속에서 스스로를 자책하게 되는 생각을 하며 안타까운 질문들을 품게 되는 경우도 있는 것이다.

하지만 학교폭력 피해학생 조치사항은 생활기록부에 전혀 입력하지 않게 되어 있으므로, 이러한 부분이 혹여 향후 학교폭력 신고 시 마음에 걸림돌이 되는 부분은 없으셨으면 하는 바람이다.

3. 구체적으로 학교폭력 사실은 생활기록부 중 어디에 기재가 되는 것인가요?

제1호~제3호 및 제7호 조치사항은 학교생활기록부 영역 중 '행동특성 및 종합의견'란에, 제4호~제6호까지의 조치사항은 '출결상황 특기사항'란에, 제8호~제9호의 조치사항은 '인적, 학적사항 특기사항'란에 기재하도록 되어 있다.

# 학교폭력으로 퇴학 위기에 처해 있다면?

학교폭력을 이유로 받을 수 있는 가장 강한 조치처분은 제9호 퇴학처분이다. 퇴학은 학교에서 강제로 내쫓기는 것이고, 본인 스스로가 학교를 그만두는 것은 자퇴라고 한다. 퇴학은 단순히 학교에 다니지 못하는 정도로 끝나지 않는다. 사회에서 고등학교 학력도 갖지 못하고 취업 등을 하기는 쉽지 않다. 그리고 아무리 학창시절 때의 일이라도 학교폭력으로 퇴학을 당한 사람을 바라보는 시선이 고울 리는 없다. 심의위원을 하면서 부모님이 자신을 보는 시선이 달라지고 친구들이 자신을 한심하게 본다며 눈물을 흘리는 학생들을 많이 보았다. 어디가서 억울하다고 말하기도 어렵다.

그럼 퇴학처분은 어떤 경우에 나올까? 학교폭력대책심의위원회에서는 학교폭력으로 신고된 사실관계가 인정되고, 또 그 사실관계가 학교폭력에 해당한다고 의결하게 되면 가해학생에 대한 조치처분을 의결하게 된다. 심의위원들은 학교폭력예방법에 따라 조치처분을 결정하기 위한 점수를 산정하는데, 구체적으로 총 5가지 항목에 대한 논의가 진행된다. 그 5가지는 학교폭력의 심각성, 지속성, 고의성, 반성 정도, 화해 정도이고, 각 항목당 최대점수가 4점, 최소점수가 0점으로 되어 구성되어 있다. 그리고 여기서 총 16점 이상을 받게 되면 퇴학처분을 받을 수 있게 된다.

그런데, 전학처분과 퇴학처분을 내리게 되는 점수는 16점 이상으로 똑같다. 즉, 16점 이상을 받게 되었을 때, 심의위원회에서는 전학처분을 의결할 수도 있고, 퇴학처분을 의결할 수도 있는 것이다. 이럴 때 심의위원들은 어떤 것을 고려해서 처분 수위를 정할까? 바로 재범가능성이다. 이미 16점 이상이 나왔다는 것은 학교폭력 사안이 매우 중대하다는 것인데, 이 학생을 다른 학교로 강제전학을 보냈는데, 똑같은 학교폭력 또는 더 중대한 학교폭력을 또 저지를 것 같다고 판단되면 퇴학 처분을 내릴 수밖에 없다. 반면에, 전학가서 다시 학교폭력을 하지 않고 졸업을 잘할 것 같다는 판단이 들면 한 번 더 기회를 주고 싶은 생각이 들 수밖에 없고 그러면 전학처분을 의결하게 된다. 심의위원도 퇴학은 단순히 학교를 다니지 못하게 하는 것에 그치지 않는다는 것을 잘 알고 있고, 가해학생이 앞으로 같은 행위를 반복하지 않고 올바르고 건강하게 성장하기를 누구보다 바라기 때문이다.

다만, 의무교육 과정의 경우 법에서 퇴학처분을 내리지 못하도록 규정하고 있으므로, 중학생에게는 퇴학처분을 의결할 수 없다. 따라서 중학생인 가해학생이 16점 이상을 받게 되었을 때에는 특별한 사정이 없다면 심의위원회에서는 전학처분을 의결하게 된다.

그럼 퇴학처분 또는 강제전학처분이 나오는 것을 어떻게 하면 피할 수 있을까? 즉, 어떻게 하면 총 16점 미만의 점수를 받을 수가 있을까? 조치처분을 정하기 위하여 평가하는 요소인 학교폭력의 심각성, 지속성, 고의성, 반성 정도, 화해 정도는 판단하는 부분이 조금씩 다르다. 심각성, 지속성, 고의성은 학교폭력으로 신고된 사실관계를 판단하는 것이고, 반성정도, 화해정도는 학교폭력이 발생한 이후의 사정을 판단하는 것이다. 즉, 가해학생은 학교폭력을 가하였다고 하더라도 지금이라도 반성이나 화해를 함으로써 조치처분 점수를 낮게 받을 수 있는 가능성이 있다는 것이다.

　가해학생은 선생님이 말도 걸지 말고, 쳐다보지도 말고, 절대로 접근하지 말라고 하는데 도대체 어떻게 사과하고 화해하라는 것인지 모르겠다고 하는 경우가 많다. 또 가해학생의 부모님도 선생님께 피해학생의 부모님의 연락처를 알려달라고 해도 알려주지 않는다고 불만을 늘어놓으신다.

　학교폭력 심의과정에서 반성정도는 반드시 피해학생과 만나서 용서를 구하는 것만 고려하는 것이 아니다. 얼마나 반성을 하고 있고, 사과를 하려고 노력하였는지, 화해를 하기 위하여 어떤 조치를 취하였는지도 고려하고 있다는 것을 대부분의 사람들은 모르고 있다.

　"반성문을 써라, 친구에게 진심으로 사과하는 편지를 써라, 친구의 부모님에게도 사죄드리는 편지를 써라, 담임선생님께도 써라, 그리고 그 반성문과 편지를 피해학생에게 직접 전달하려고 하지 말고 학교폭력전담선생님께 전달을 부탁드려라"고 조언하고 싶다.

# 학교폭력, 생활기록부에의 기재를 이유로 대학진학을 포기해야 할까

학교폭력에 휘말린 학생과 학부모가 가장 궁금해하는 것이 뭘까? 바로 생활기록부 문제이다. 진학에 있어서 생활기록부는 지대한 영향을 미친다. 입시 준비의 첫 단계가 생활기록부 파악이라고 할만큼 생활기록부는 학교 생활에 있어 아주 중요한 요소가 되었다. 꼼꼼하게 관리하던 생활기록부에 학교폭력에 관한 내용이 기재된다면 어떨까? 당연히 엄청난 마이너스 요인이 될 것이다. 이하에서는 학교폭력과 관련한 어떤 내용이 생활기록부에 기재되는지, 삭제는 할 수 있는 것인지에 대해 하나씩 정리해 보고자 한다.

의외로 학교폭력 신고를 망설이는 학교폭력 피해학생들이 많다. 보복이 두려워서인 경우도 있지만, 그중에는 의외로 자신이 학교폭력 사건에서 받은 보호처분의 내용이 생활기록부에 기재될까 봐 두려워서 신고를 꺼리는 학생들도 많았다. 이 부분은 전혀 걱정할 필요가 없다. 피해학생에 대한 보호조치는 생활기록부에 기재되지 않기 때문이다. 그러니까 혼자 끙끙 앓기보다는, 학교폭력 피해사실을 신고해서 더 이상의 피해가 반복되지 않도록 해야 할 것이다.

다음은 가해학생에 관한 내용이다. 가해학생의 경우 학교폭력대책심의위원회가 병과한 조치사항 모두가 학교 생활기록부의 해당 영역에 기재된다. 학교폭력대책심의위원회 처분에 불복해서 행정심판이나 행정소송을 청구한 경우에는 어떨까? 이 경우에도 학교폭력대책심의위원회 처분은 일단은 생활기록부에 기재가 된다. 향후에 행정심판이나 행정소송 결과 조치가 변경되거나 취소될 경우에만 이를 수정하거나 삭제하게 되는 것이다.

지금 기억해야 할 가장 중요한 내용은 생활기록부 기재가 조건부로 유예되는 사항이 있다는 점이다. 조치사항을 제대로 이행하기만 하면 생활기록부에 기재되지 않는 처분도 있다는 것이다! 그러니까 학교폭력대책심의위원회회원회 조사에 잘 임해서 조건부 기재 유보 조치를 받게 된다면, 또 그 조치를 성실히 이행하기만 한다면 생활기록부 기재를 피할 수 있다는 것이다.

서면사과, 보복행위금지, 학교봉사에 해당하는 1호~3호까지의 조치가 바로 조건부 기재 유보 조치이다. 만약 내 현재 입장이 학교폭력 자체를 부인하는 경우가 아니라고 한다면, 학교폭력대책심의위원회 절차에 최대한 성실히 임해서 1호~3호까지의 조치결정을 받을 필요가 있는 것이다. 주어진 사실관계 자체를 바꿀 수는 없으니, 반성정도와 화해정도와 관련해서 좋은 점수를 취득할 수 있도록 집중하는 게 하나의 팁이라고 할 수 있겠다.

생활기록부에 학교폭력 관련 내용이 기록된다는 건 향후 진학문제에 있어서 치명적인 영향을 받을 수 있다는 것을 의미한다.

그렇기 때문에 거듭 이야기하지만 잘못이 있다면, 최대한 1호~3호 처분 이내에서 조치를 받을 수 있도록 노력해야 한다. 이 노력이라는 건 초반에 어떻게 대응하느냐, 그리고 얼마나 신고내용에 대해 반박할 수 있는 증거나 근거 또 목격자 진술 등을 확보할 수 있느냐에 관한 것이다.

　간혹 상담을 요청하는 부모님들 중 이미 처분이 끝나고 불복단계에서 문의를 하시는 분들도 있다. 하지만 학교폭력 사건은 신고가 접수되어 학교폭력대책심의위원회가 열리기 전에 모든 것을 준비하는 것이 가장 바람직하다.

　부디 이 글을 읽는 분들 중 아직 학교폭력대책심의위원회가 열리기 전에 있는 부모님들이 있다면, 무엇을 준비해야 하고 무엇을 입증해야 하는지에 대해 치밀하게 고민하고 준비할 것을 권한다.

　학교폭력대책심의위원회 처분의 의미를 잘 몰라 대수롭지 않게 학교폭력대책심의위원회에 임하시는 분들도 많이 보았다. 하지만 생활기록부 기재는 향후 아이의 미래에 결정적인 영향을 미칠 수 있으니, 부디 학교폭력대책심의위원회 조사에 최선을 다해 임해서 억울함 없는 결과를 얻으셨으면 하는 바람이다.

# 쌍방 폭행인데 나만 가해학생?

학교폭력 사건의 경우, 보통 당사자(학생)보다는 부모님과 상담을 하게 된다. 하지만 이날은 실제 당사자인 학생의 이야기만 듣다가 상담이 끝났다.

"변호사님, 그 친구가 먼저 때려서 방어하려다 실랑이가 벌어진 것뿐이에요, 심지어 제가 더 많이 맞았거든요. 그런데 학교에서는 저도 학교폭력 가해학생이라고 합니다. 너무 억울합니다."

학생 입장에서는 분명 억울한 생각이 들 수밖에 없다. 시비를 걸길래 이에 응했을 뿐인데, 심지어는 더 많이 맞았는데 학교폭력 가해학생이라니. 상식적으로 이해하기 어려운 것이 당연하다.

* 이하는 실제 사례를 각색한 것입니다.

학교 교정을 지나가던 준서(가명)는 앉아 있던 이현이의 발에 걸려 넘어질 뻔했다. 평소 감정이 그리 좋지 않았던 둘이기에 준서는 이현(가명)이가 자신을 넘어뜨리기 위해 일부러 발을 걸었다고 생각했다. "왜 멀쩡히 지나가는 사람 발을 거느냐고, XX" 준서는 이현이에게 욕설을 내뱉었다. 그저 자리에 앉아있을 뿐이던 이현이는 준서의 욕설에 기분이 나빴지만, 그냥 무시하기로 했다. 이현이가

-100-

침묵으로 일관하자, 준서는 곧 "발 걸어놓고 사과도 안하네, 이 XXXX 가!"라며 갑작스럽게 앉아 있던 이현이의 뺨을 때렸다. 당황하고 화가 난 이현이가 자리에서 바로 일어났지만, 무어라 말을 내뱉기도 전 준서는 바로 이현이의 멱살을 잡았다. 멱살을 잡힌 이현이는 빠져나오기 위해 발버둥을 치다 팔로 준서의 얼굴을 밀쳤고, 그렇게 둘 사이에 실랑이가 벌어졌다.

자신이 피해학생이라고만 생각했던 이현이는 학교에서 사건을 쌍방폭행으로 접수하자 당혹스러웠다. 이현이도 준서에게 폭행을 가했고, 준서 역시 신체적으로 피해를 입었으니 사건을 쌍방 피/가해학생로 접수할 수밖에 없다는 선생님의 말을 이해하기가 어려웠다.

학교폭력대책심의위원회 위원을 하면서 가장 많이 접하게 되는 사례가 바로 이런 쌍방폭행 사안이다. 당연히 시비를 건 쪽이 가해학생이고, 그에 맞대응했을 뿐인 쪽은 피해학생일거라 생각하고 있다가, 사건이 쌍방폭행으로 접수된 뒤에야 어찌 된 일이냐며 당혹스러움을 표현하시는 학부모님들이 많다. 심각한 경우에는 피해학생이 가해학생으로 둔갑하여, 일방폭행 사건으로 접수되는 황당한 일까지 벌어진다. 당사자와 그 부모님이 경험할 심란한 심정은 말로 다 표현할 수 없을 것이다.

이런 일들은 생각보다 더 비일비재하게 일어나고 있다. 그렇기 때문에 내 일을 학교에 온전히 맡긴 채 그저 가만히 손 놓고 있어서만은 안 된다. 싸우게 된 경위가 어떤지, 싸움의 진행과정은 어땠는지 등을 구체적으로 소명하면서, 자신은 고의로 상대방을 폭행한 것이 아니고, 상대방의 일방적인 폭행행위에 대하여 소극적 저항행위 내지는 정당방위로서 어쩔 수 없이 유형력을 행사했음을 적극적으로 주장할 필요가 있다.

물론 처음에는 시비를 거는 친구에게 대응하기 위하여 시작했다가, 감정이 격해지면서 방어행위인 동시에 공격행위의 성격을 갖는 유형력을 행사하게 되는 경우도 많이 존재한다. 이런 경우에는 쌍방폭행의 피·가해학생으로서 모든 부분에 대해 자신이 참작받을 수 있는 사정들을 더욱 자세히 주장할 필요가 있다.

　싸우게 된 경위나 싸움의 진행과정 등에 비추어 쌍방폭행 사안에 대응하는 방법도 여러 가지로 갈리게 된다. 이미 지나온 시간을 되돌리기는 너무나 어렵다. 이미 지난 시간들을 후회하기보다는, 지금이라도 제자리를 찾기 위한 노력을 하나씩 해 나가면 된다.

# 뒷담화의 피해학생이 쌍방 학교폭력으로 신고당하는 유형

학교폭력대책심의위원회에서 심의를 진행하면서 여학생들은 뒷담화 때문에 학교폭력대책심의위원회에 오는 경우가 많다는 것을 알게 되었다. 여학생들은 친한 친구들과 모여 다니는 경우가 많은데, 그렇게 친하게 지내다가도 뒷담화 때문에 사이가 멀어지고 학교폭력까지 발생하는 경우가 상당히 많다. 학생이라면 학교라는 작은 사회에서 한 번쯤은 겪게 될 수 있는 일이기도 하다.

뒷담화 사안은 학교폭력대책심의위원회에 쌍방 학교폭력으로 올라오는 경우가 많다. 뒷담화를 당한 학생으로서는 뒷담화한 것이 사실인지, 어떤 뒷담화를 하였는지를 확인하고 싶지만 뒷담화한 친구에게 물어봤자 협조할 리가 없다. 피해학생은 떳떳하면 핸드폰을 보여달라고 하고, 가해학생은 내가 보여줄 이유가 없다면서 옥신각신 다투다가 서로 욕하고 밀치는 등의 폭력까지 행사하거나 강제로 핸드폰을 빼앗아 카카오톡 등을 확인하는 일까지 발생한다.

아무리 뒷담화를 당하였다고 하더라도 욕하고 밀치는 등의 폭력까지 행사하거나 강제로 핸드폰을 빼앗는 행위 등은 전부 학교폭력에 해당한다. 그럼 뒷담화를 당한 피해학생은 어떻게 하는 것이 좋을까. 친구가 내 욕을 하고 다니더라도 계속 참는 것이 최선일까. 그렇지 않다. 학교폭력 신고를 하는 것이 가장 좋은 방법이다. 학교폭력 신고라는 것을 거창하게 생각하지 않았으면 한다. 모든 학교폭력 신고 건이 학교폭력대책심의위원회에 회부되는 것은 아니고, 학교에서 자체적으로 해결할 수 있는 것은 학교장 선에서 갈등을 조정하고 해결하고 있다.

피해학생이 몰래 뒷담화한 것을 학교폭력으로 신고한다면 학교폭력으로 인정받을 수 있는지 질문받는 경우도 종종 있다. 뒷담화도 학교폭력에 해당할 수 있다.

만약 뒷담화의 내용이 명예훼손적 발언이라면 명예훼손죄라는 범죄가 성립할 수도 있다. 최근 법원에서도 다른 사람의 험담을 하는 행위에 대하여 그 험담이 다수인에게 전파될 수 있다면 명예훼손죄가 성립할 수 있다고 하면서 험담한 사람에게 징역형을 선고한 바 있다. 형사범죄에 해당할 수 있는 행위가 학교폭력에 해당하는 것은 당연한 것이다.

다만, 형사절차는 별도의 형사고소가 있어야 진행이 되고, 학교폭력 신고를 한 것만으로 형사절차가 진행되지 않는다. 즉, 학교에서의 징계는 학교폭력을 신고함으로써 진행되는 것이고, 형사처벌은 형사고소를 별도로 제기하여야 진행될 수 있다는 것이다. 나아가 피해학생은 정신적 피해에 대한 손해배상청구를 하는 것도 가능하고, 학교폭력으로 인한 피해금액을 학교 안전공제회를 통하여 빠르게 보상을 받는 것도 가능하다.

성장 중인 학생들 사이에 가벼운 다툼이 발생하는 것은 자연스러운 현상이라고 볼 수 있다. 하지만 그 정도가 학교생활을 지속할 수 없을 정도의 정신적 고통을 발생시키고 있다면 위와 같은 조치를 고려할 수 있다는 것은 알고 있는 것이 좋다. 피해학생 입장에서는 위와 같은 조치가 별것 아닌 것처럼 느껴질 수 있지만, 가해학생 측을 변호해 보면 가해학생이 피해학생의 상상을 초월하는 정도의 많은 스트레스를 받고 있음을 알 수 있고, 이에 2차 가해행위가 발생하는 경우도 드물다. 학교폭력 신고란 생각보다 더 실효성 있는 조치인 것이다.

# 단톡방에서 한 말이 언어폭력이라고?

무슨 말이든지 언어폭력으로 학교폭력이 되는 것은 아니다. 똑같은 욕이라고 하더라도 친한 친구끼리 장난치다가 욕이 나온 경우와 어떤 사람을 비난하기 위하여 욕이 사용된 경우는 당연히 다를 수밖에 없다. 딱 봐도 알 수 있지만, 막상 왜 다르게 보는지 이유를 들라 하면 말문이 막힌다.

법적으로 학교폭력이 성립하는 데 필요한 조건이 있다. 학교폭력으로 보이는 행위로 인하여 신체적 피해, 재산상 손해 또는 정신적 고통 중 어느 하나가 발생하여야 한다는 것이다. 달리 말하면, 학교폭력으로 보이는 어떤 행위가 있더라도 그 행위로 인하여 신체적 피해, 재산상 손해 또는 정신적 고통 중 어느 하나가 없다면 학교폭력은 성립할 수 없다. 언어폭력은 정신적 고통을 발생시키는 학교폭력의 유형이다. 따라서 같은 욕을 하더라도 정신적 고통이 발생할 수 있는 경우이면 학교폭력이 성립할 수 있고, 그렇지 않은 경우라면 학교폭력이 성립하지 않는다.

신체적 피해나 재산상 손해는 증거 등을 통해서 있느냐 없느냐가 밝혀질 수 있지만, 정신적 고통은 실제로 발생하였는지는 직접 확인하기가 어렵다. 그래서 신체적 피해나 재산상 손해가 실제로 발생하였는지는 정신적 고통에 비하여 상대적으로 명확하다.

예를 들어 가해학생이 피해학생을 주먹이나 물건으로 때린 경우 피해학생에게 신체적 피해가 발생하였는지 여부를 직접 확인할 수 있다. 재산상 피해도 마찬가지이다. 예를 들어 가해학생이 피해학생에게 금품을 갈취하였다면 피해학생의 돈이 전달되었는지 여부는 증명해 낼 수 있는 사실에 해당한다.

반면에 정신적 고통이 피해학생에게 발생하였는지 여부는 직접 확인할 수가 없다. 학교폭력이라고 주장하는 사실관계와 여러 정황 등을 종합적으로 고려하여 제3자의 입장에서 객관적으로 보았을 때 정신적 고통이 발생하였는지를 판단할 수밖에 없는 것이다.

그리고 여기서 말하는 정신적 고통은 단지 기분이 나쁘거나 불쾌한 것을 말하는 것이 아니다. 모욕적이거나 폭력적 언행으로 명예가 침해되거나 학교폭력으로 삼을 만한 정도의 심각성은 있어야 한다.

실제 사례를 살펴보자. 당사자들은 모두 중학교 2학년이다. 코로나로 인하여 학교 수업은 원격수업으로 진행되었고, 갑자기 수업과 관련 없는 게임 소리가 1분 가량 들렸다. 단톡방에 '철수야', '실망이 크다' 등 철수를 의심하는 글들이 올라왔고, 철수는 '내가 안했는데 ㅋㅋㅋ 누구냐고', '혼자 뒤집어썼네' 등 변명하는 글을 올렸다.

그리고 가해학생이 '도대체 왜 그럼', '추하다 철수야'라고 글을 올렸는데, 철수는 그 이후로 학교에서의 평판이 안 좋아지고 친구들이 자신을 한심하게 보는 것 같아 힘들다면서, '추하다'라고 한 것을 학교폭력으로 신고하였다.

어떻게 됐을까. 학교폭력대책심의위원회에서는 다른 학생들이 다 보는 단톡방에서 추하다라고 한 것은 사실이고, 그로 인하여 철수가 정신적 고통을 입었다고 주장하므로 학교폭력으로 보아 조치처분을 의결하였다.

가해학생 측은 '추하다'라고 한 사실이 있더라도 이를 학교폭력으로 볼 수 없다고 불복하며 행정소송을 제기하였고, 법원은 학교폭력에 해당하지 않는다고 판결하고 교육청의 처분을 모두 취소하였다.

위 법원 판결문을 보면 학교폭력이 아니라고 결정한 이유는 중학교 2학년에 재학하는 일반적인 학생을 기준으로 보면, 약간의 불쾌함을 줄 수 있을지는 몰라도 명예가 침해되거나 학교폭력으로 삼을 만한 정신적 피해가 발생하였다고 보기 어렵다는 것이다. 상처를 주는 말은 잘못된 것일 수 있지만 언제나 학교폭력이 되는 것은 아니다.

# 학교폭력, 카카오톡 등 단체방에
# 무심코 쓴 문자가 학교폭력이라고?

　중·고등학생뿐만 아니라 초등학생도 친구들과 카카오톡 등을 이용해서 대화하는 경우가 늘었다. 학교에서도 담임 선생님이 학생들에게 공지사항이나 유인물을 단톡방을 통하여 전달하고, 특히 몇몇 친한 친구들과 단톡방을 개설해서 이야기하는 것은 완전한 일상이 되어 버렸다. 보통 학생들은 말장난(word play)을 상당히 잘한다. 고답이(고구마 답답이), 궁물(궁금한 것을 물어보다), 남아공(남아서 공부나 해), 마기꾼(마스크 사기꾼), 반모(반말 모드), 억텐(억지 텐션), 사바사(사람 바이 사람), 빠테(빠른 테세전환), 여미새 (여자에 미친 *끼) 등 줄임말을 이용하여 또래끼리 이야기를 주고받고 즐거워한다.

　그런데 일상처럼 편하게 사용하던 카카오톡 때문에 문제가 발생할 것이라는 점은 쉽게 생각하지 못한다.

* 이하는 실제 사례를 각색한 것입니다.

5명의 학생은 모두 같은 초등학교를 다니는 같은 반 친구들이다. 그중 1명이 단톡방에 있던 친구들 전부를 언어폭력으로 신고했다. 피해학생이 증거로 제출한 자료 중에는 단톡방 대화내용도 포함되어 있었다.

피해학생은 원래 다른 지역에 있는 초등학교를 다녔다. 하지만 집이 이사하게 되면서 전학을 갔다. 피해학생은 평소 내성적인 성격이라서 전학 온 학교에 쉽게 적응하지 못하였다. 새로운 친구도 사귀지 못하고 혼자 지내는 경우도 많았다. 담임 선생님은 피해학생이 새로운 학교생활에 적응하는 데 힘들어하는 것을 알고, 같은 반 친구들을 피해학생에게 붙여 주었다. 선생님은 친구들에게 피해학생도 단톡방에 초대해 주고, 점심을 먹을 때나 과제를 할 때 피해학생도 같이 해 주기를 바란다고 하였다.

가해학생인 호중(가명)이는 담임 선생님의 배려를 받는 피해학생이 마음에 안 들었다. 특히, 호중이가 평소 좋아하던 물결이가 선생님 말대로 피해학생를 챙겨 주는 것이 정말 싫었다.

가해학생 호중이는 피해학생을 교묘하게 괴롭히기 시작했다. 물결이가 피해학생을 도와주는 모습을 몰래 여러 장 촬영한 다음 피해학생이 이상한 모습으로 촬영된 사진만을 골라 단톡방에 올리고 피해학생을 '여미새'라고 놀렸다. 같은 단톡방에 있던 친구들은 호중이가 올린 글이 재밌기만 하였다. 그중에는 호중이가 올린 글에 호응하며 '스불재(스스로 불러온 재앙)'라고 기재하여 추가로 피해학생을 놀리는 친구도 있었고, 'ㅋㅋㅋㅋ'라고 쓰며 소극적으로 호응했던 '명재(가명)'라는 학생도 있었다. 이런 식으로 피해학생은 수개월 동안 괴롭힘을 당하였다.

피해학생이 주장하는 피해사실은 확인되었다. 그리고 호중이를 비롯한 3명의 친구는 언어폭력 등을 가한 것으로 의견이 모아졌지만, 문제는 명재였다. 명재는 다른 친구들과 달리 적극적으로 피해학생을 놀리거나 괴롭힌 것은 아니고, 단톡방에서 'ㅋㅋㅋㅋ'와 같은 글을 몇 차례 기재한 것이 전부였다.

하지만 심의위원들은 논의 끝에 명재라는 학생도 다른 가해학생들과 마찬가지로 학교폭력을 가한 것이라고 의결하였다. 'ㅋㅋㅋㅋ'라는 문자만을 놓고 보고 판단할 것이 아니라 위 문자를 쓰게 된 경위와 목적, 그리고 피해학생이 따돌림을 당하며 괴로워하고 한다는 사정을 충분히 알고 있었다는 점 등을 종합적으로 고려할 때 학교폭력의 고의를 가지고 피해학생을 괴롭히는 행동을 한 것으로 판단한 것이다.

요즘은 말보다 글로 의사소통을 하는 경우가 더 많다. 카카오톡만 사용하는 것도 아니고 게임할 때는 디스코드로, 학교 동창은 페이스북 메신저로, 소통하는 방법도 다양하다. 단톡방에서 한명을 왕따시키거나 상대를 비방하는 문자만 문제되는 것이 아니다. 친구를 놀리는 분위기에 휩쓸려 흔히 사용하는 'ㅋㅋㅋㅋ'를 한 번 덧붙였다고 하더라도 그 상황이나 목적 등을 고려할 때 학교폭력이 성립될 수 있다. 언어폭력의 경우 문자를 이용한 사안이 훨씬 더 많다. 피해학생이 말보다 문자로 피해를 당한 경우 그 증거를 모으기가 더 쉽기 때문이다. 때문에 글로 의사소통을 할 때는 말로 할 때보다 더욱더 신중하여야 한다.

글은 흔적을 남기기 때문이다.

# 언어폭력 사례, 학교폭력 피해학생이 오히려 언어폭력 신고를 당했다면?

"변호사님, 아이가 폭언을 당하는 도중에 제발 그만하라며 비속어를 썼대요, 괜찮을까요?"

* 이하는 실제 사례를 각색한 것입니다.

　내 딸 이안(가명)이는 몸집이 또래보다 작고, 다소 소극적인 성격이다. 조용한 성격 탓인지 학교에서도 있는 듯 없는 듯 조용조용 지내는 것 같았다. 종종 아이가 너무 어두워 보이는 것이 걱정될 때도 있었지만, 그래도 무탈히 건강하게 잘 지내주는 것만으로도 어디냐며 고마운 생각을 가지곤 했다.

　하지만 이안이가 고등학교에 올라가면서부터 문제가 생기기 시작했다. 이안이가 혜린(가명)이와 무리들의 타겟이 되어 버린 탓이었다. 혜린이와 친구들은 아무런 이유 없이 이안이를 온갖 방법을 동원하여 괴롭히기 시작했다. 혜린이는 얼굴이 까만 이안이에게, "깜둥이안? 미안?"이라는 **조롱을 하며 온갖 욕설을 밥 먹듯 하였고**, 이안이가 교실 문으로 들어오거나 나가지 못하게 **일부러 문 앞을 막아서며 웃음을 터뜨리기도 하였으며**, 키가 작고 몸무게가 가벼운 이안이를 억지로 들어올렸다가 내려놓는 등 신체적인 폭력까지 행사하기도 했다.

　어느 날 문득 아이의 얼굴을 보다가, 아이가 평소와는 다르다는 생각이 들었다. 힘든 것이 있으면 엄마에게는 뭐든 말해도 된다고 이야기를 건네자마자, 아이는 눈물을 펑펑 흘리며 지난 일들에 대해 털어놓았다. 세상이 무너지는 느낌이었다. 더는 아이를 그냥 내버려 두어서는 안 된다는 생각에 다음 날 곧바로 학교를 찾아 언어폭력 신고를 진행했다. 다 잘될 거라고, 엄마가 미리 알아채지 못해 미안하다고 아이를 도닥였다.

그런데 **언어폭력 신고 바로 다음 날, 학교폭력 담당 선생님으로부터 전화가 왔다. 혜린이가 이안이를 맞폭으로 언어폭력 신고했다는 것이다. '맞폭이라니? 우리 아이는 온전한 피해학생인데?'** 내용인 즉슨, 혜린이가 욕설을 하면 이안이도 이에 대응하여 욕설을 행사하였기 때문에 이안이 역시 언어폭력 신고를 당했다는 것이었다. 이안이에게 물어보니 이안이는 정말 억울하다며 눈물을 터뜨렸다. 온갖 욕설을 들으며 아이는 혜린이에게 빌기도 했었다고 한다. **그만해 달라고 단호하게 말했다가, 빌었다가, 사정했다가. 그 어떤 방법도 통하지 않았을 때, 아이는 결국 토해내듯 비속어를 섞어 가며 소리쳤다고 했다. 제발 그만해 달라고 말이다.**

학교폭력 피해학생인 아이, 언어폭력과 신체폭력이라는 폭력 속에서 이미 감내한 고통이 너무나도 많은 우리 아이가 혹여 잘못된 대응으로 억울함을 당하지는 않을까 부모로서 걱정이 되었다.

최근 위와 같은 언어폭력 사례로 많은 상담을 진행했다. 온전한 피해학생인 아이가 혹여라도 가해학생이라는 오인을 받게 되지는 않을까, 많은 부모님들께서 걱정하며 사무실을 찾아오셨다.

최근 많은 학교폭력대책심의위원회 사례에서 욕설을 한 사실이 있었다는 사정 하나만으로 학교폭력 1호 서면사과 처분을 인정하는 경우가 발견되고 있기에, 부모님들께서 걱정하시는 것도 충분히 이해된다. 하지만 너무 걱정하시지는 않으셔도 된다. 잘 대응만 한다면 충분히 방어할 수 있는 부분이기 때문이다.

어떤 수위의 괴롭힘이 얼마나 지속적으로 이어져 왔었는지, 아이가 비속어를 섞어 가며 이야기했을 때의 심정은 어떠했는지, 학교폭력 가해학생에게 동일한 모욕을 주기 위함이었는지 혹은 언어폭력을 멈추어줄 것을 토해내듯 호소하는 것이었는지, 당시 아이에게 쏟아져 내려오던 욕설과 조롱의 수위는 어땠는지 등을 구체적으로 소명하여 아이가 당시 상황에서 한 발언은 자신을 방어하기 위한 외침이었을지언정 학교폭력이 될 수 없다는 점을 충분히 주장하여 이를 인정받을 수 있다.

학교폭력대책심의위원회 위원장으로서, 또 학교폭력 전문 변호사로서 다양한 언어폭력 사례들을 접하고 있지만, 본 사안과 같이, 온전한 피해학생으로서 이야기를 하여야 할 아이가 학교폭력 가해학생이라는 입장에서도 많은 것들을 소명해야 하는 경우에 특히 마음이 더 아프다.

분명한 주장과 입증으로서, 피해학생인 우리 아이가 억울함을 당하는 일만큼은 절대로 없도록 해야 할 것이다. 아이가 두 번 울게 해서는 안 될 테니까.

# 초등학교 학교폭력 사례, 그 대처방안은?

'초등학교 학교폭력 사례로 상담하고 싶습니다.
너무 당황스러워서...'

의뢰인의 전화였다. 사실 초등학교 학교폭력 사례로 상담을 원하시는 학부모님들은 굉장히 많다. 그중에는 '어찌 보면 애들 장난같이 느껴지는 일일 수도 있겠다'며, 이런 상담을 요청해도 되는지 겸연쩍은 듯 물어오는 분들도 많이 계신다. 하지만 학교폭력 사건에 대해 약간의 관심만 가지고 있다면 쉽게 알 수 있는 사실은, 초등학교 학교폭력 사례의 비중이 학교폭력 사건들 비중 중 가장 높다는 것이다. 어쩌면 이런 사실은 학교폭력 연령이 점점 낮아지고 있다는 점을 보여주는 부분이므로 늘 우려의 대상이 된다.

초등학교 학교폭력 사례는 변호사로서도 굉장히 어렵게 느껴지는 부분이 있다. 우선 아이들의 말을 정확히 이해하기 어려운 경우도 많고, 아이들 스스로가 부모님께 혼날까 봐, 혹은 상황 자체가 너무 두렵다는 생각 때문에 거짓을 이야기하고, 그 거짓을 심지어는 스스로 믿어 버리고 있는 경우까지도 빈번히 있어 사건의 본질을 파악하는 것 자체가 어렵기 때문이다.

그렇기 때문에 초등학교 학교폭력 사례에서는 아이들과 충분한 대화를 나누며 사건의 본질에 다가가려는 과정이 무엇보다도 중요하다. 이런 과정을 거치지 않은 채 당장의 문제를 그저 서둘러 해결하겠다고만 한다면 오히려 상황은 악화되기 마련이다.

* 이하는 실제 사례를 각색한 것입니다.

의뢰인은 5번의 시험관 시술 끝에 어렵게 아들을 낳았다. 어렵게 만난 아들이기에 남부럽지 않게 키우겠노라 결심했다. 아들을 처음 만난 순간 했던 결심대로 할 수 있는 여력을 다해 최선으로 아들을 키웠다. 각별한 엄마의 마음이 전해졌는지 아들은 정말 착하게 잘 자라주었다. 친구들처럼 욕을 섞어 대화한다거나, 사소한 몸싸움을 하고 돌아오는 일도 단 한 번도 없었다. 짓궂을 수 있는 나이의 남자아이인데, 참 성숙하게 잘 키웠다고 느끼며 늘 자랑스럽게 여겼다.

그런데 어느 날 아들이 학교폭력 가해학생으로 신고되었다고, 보호자 확인서를 좀 작성해 주셔야겠다는 학교의 연락을 받았다. '학교폭력이라니? 그것도 학교폭력 가해학생라니, 내 아들이 그런 말을 했다고? 니 얼굴은 C학점인데 가슴은 A학점이라니... 그런 저급한 말들을 우리 아들이 여학생한테...?'

의뢰인은 학교폭력 학생 확인서를 작성하고 집으로 돌아온 아들과 이야기를 나눴다. 아들은 결코 그런 말을 한 적이 없다고 말했다. 평소 사이가 좋지 않은 친구가 거짓말을 이야기한 것이라고 했다. 의뢰인은 아들의 말을 굳게 믿고, 학교폭력대책심의위원회에서 아들의 억울함을 벗겨야겠다며 변호사 사무실을 찾아왔다.

변호사들은 부모님과 잠시 떨어져 아이와만 대화를 나누겠다고 말했다. 의뢰인은 회의실 문을 나서면서도, 착한 아들이 그런 말을 했을 리는 없으니, 부디 아들의 억울함을 잘 듣고 꼭 학교폭력 아니라는 결정을 받아 달라고 말했다. 하지만 **학교폭력 변호사의 눈에는 신고된 사실과 같은 구체적인 말들이 초등학교 여학생의 입에서 순전히 거짓으로 꾸며진 것이라고 믿기 어려운 정황들이 먼저 보였다.**

아이와 자연스럽게 대화를 나누며 선생님은 네 편이고, 너에게 가장 좋은 처분을 위해 애쓸 테니 사실을 말해 달라고 이야기했다. **학교폭력대책심의위원회 위원들이 피해학생 측으로부터 수집한 자료들을 가지고 있을 것이기에, 학교폭력 가해학생 측의 진술이 심의위원들이 가진 자료와 청취한 진술과 모순되는 부분이 있어서는 절대로 안 되기 때문이었다.**

아이는 쭈뼛거리다가 말했다. '엄마가 너무 속상해할까봐서요. 저는 늘 착하기만 하다고 생각하시거든요...'

의뢰인은 많이 놀란 눈치였다. 자기가 아이에게 너무 많은 부담을 줘왔던 것 같다고 스스로를 자책했다. 자책하는 의뢰인을 달래고, 앞으로의 대처가 중요하다는 점을 강조했다. 그리고 우리는 학교폭력대책심의위원회 사건에서 학교폭력 조치처분을 결정하는 5가지 인자를 고려한 의견서를 제출했다. 학교폭력대책심의위원회가 열리는 당일에는 아이와 함께 입회하여, 아이가 진심으로 반성하고 있음을 이야기하는 과정을 도왔다. 그리고 아이는 3호 이내 처분을 받아, 이행을 전제로 생활기록부 기재는 피할 수 있는 결과를 받았다.

사건 자체는 단순해 보일지라도, 초등학교 학교폭력 사례는 자칫 잘못된 대응으로 바람직하지 못한 결과를 받아 볼 위험이 있다. 서두르기보다는 아이와의 충분한 대화를 통해 사건의 본질을 파악하는 것이 가장 중요하다.

# 불복 단계

# 학교폭력대책심의위원회 조치처분 결과, 받아들일 수 없다면 이렇게 하세요

아마 이런 학부모님들이나 학생들이 많을 것이다. 학교폭력 신고를 당해서 처분을 받았는데, 너무 억울하다. 도저히 받아들일 수 없다고 생각하시는 분들 말이다. 그래서 이하에서는 학교폭력 조치처분 결과 통보서를 받고 불복을 결심한 분들을 위해 앞으로 어떻게 하면 되는지에 대해 이야기해 보려 한다.

학교폭력 징계처분에 불복하는 방법에는 크게 두 가지가 있다. 바로 행정심판과 행정소송이다. 사안에 따라 행정심판만 제기할 수도 있고, 행정심판 없이 곧바로 행정소송을 제기할 수도 있다. 아니면 행정심판을 청구한 뒤 그 결과를 보고 행정소송을 제기할 수도 있다. 그럼 어떤 방법이 가장 유리할까? 이 문제는 일률적으로 대답하기가 참 어렵다. 사안에 따라 달리 판단해야 되기는 하지만 그래도 더 유리한 것이 있다. 우선은, 선택에 도움을 드리고자 각 절차에 대해 간략히 설명드리고, 실제 사례에 대해서도 알려드리고자 한다.

우선 행정심판과 행정소송의 가장 큰 차이점은 심판기관이 법원인지 아닌지이다. 행정심판은 교육청 산하 행정심판위원회에 이의를 제기하는 절차이고, 행정소송은 법원에다가 불복하는 소송을 제기하는 절차이다. 법원에 가는 것보다 행정심판을 제기하는 것이 비용적인 측면에서는 조금 더 유리한 면이 있다. 하지만 사안을 좀 더 면밀하고, 정치하게 판단 받을 수 있다는 점에서는 행정소송이 좀 더 유리한 측면이 있다.

비율적으로는 행정심판이 행정소송보다는 많은 것으로 보이는데, 이는 행정심판 우선 진행하고 이후 소송을 다시 제기해도 되어서인 것 같다. 여기서 꼭 기억해야 할 중요한 사실 하나가 있다. 행정심판이든 소송이든 진행 전에 무조건 검토할 것이 있다는 것이다. 학교폭력대책심의위원회의 처분에 불복하는 것이기 때문에 그 처분에 대한 집행정지를 반드시 신청해야 한다는 것이다. 처분이 다 되어 버린 다음에는 불복하는 것 자체가 의미가 없을 수도 있을 것이다. 그러니 불복과 관련해서는 집행정지를 반드시 신청해야 한다는 것 정도는 꼭 기억할 필요가 있다.

행정심판과 행정소송의 차이점에 대해 간략히 알아봤으니, 실제 사례를 통해 그 이해를 더 돕고자 한다.

우선 볼 사례는 행정심판을 제기한 사례이다. 피해학생도 가해학생에 대한 징계처분이 경미하다는 이유로 불복을 할 수가 있다. 가해학생에게 1호 서면사과 조치만이 나와 피해학생 측이 억울해하며 행정심판을 제기한 사례가 있었다. 학교 측이 가해학생의 행동을 축소/은폐했다는 점, 실제 가해학생의 행동이 얼마나 악질이었는지를 확인할 수 있는 목격자들의 진술을 추가적으로 확보할 수 있는 사안이었다. 행정심판에서 이를 보다 구체적으로 주장하여 추가 처분이 병과된 사례이다. 이렇게 학교폭력대책심의위원회 이후에 추가적으로 제출할 증거 등을 확보하거나, 합의가 이루어지는 등 사정변경이 생겼다면 행정심판을 먼저 제기해 보는 것도 좋을 것 같다.

　다음은 행정소송을 막바로 제기한 사안이다. 역시 서면사과 조치를 취소해달라는 소송을 제기했던 사례였다. 학교폭력 자체를 다투고 싶고, 법원으로부터 아예 정치한 법리적인 판단을 받고 싶다하는 분들에게는 행정소송을 막바로 제기하는 것을 권한다. 1호 처분이기 때문에 이행만 하면 생활기록부에 기재가 되지는 않지만 가해학생은 학교폭력이 인정되었다는 사실 자체가 억울한 상황이었고, 이를 다투고자 행정소송을 진행했다. 학교 내 모든 갈등을 학교폭력으로 의율하는 지나친 확대해석은 가해학생을 양산하는 결과를 초래한다는 점이 강조되었고, 가해학생의 사과가 있었다는 사실만으로 고의로 간주할 수는 없다는 점(실수해도 사과할 수는 있으니까), 결국 학교폭력이 아니라 처분 사유가 부존재한다는 이유로 처분을 취소하는데 성공한 사례이다.

　다음은 행정심판 기각 후 행정소송에서 결과를 뒤집은 사례이다. 행정심판까지 기각되고 나면 사실 행정소송에서 결과를 뒤집기가 쉽지만은 않다. 초 · 중학생에게 가장 중한 전학처분이 나온 사례였고 행정심판까지 기각이 된 상황이었다. 개선의 여지가 상당하고, 다른 처분으로도 충분히 선도의 목적을 달성할 수 있는 사안임에도 바로 전학처분이 나온 것은 재량권 일탈 남용이라는 점을 강조하여 결국 행정소송에서 전학처분이 취소된 사례이다. 이렇게 법원의 보다 구체적인 판단을 통해 행정심판의 결과를 뒤집을 수도 있으니 행정심판 결과만으로 너무 좌절하시지 말고, 추가 불복과 관련해 전문가와 상담을 해 볼 것을 권한다.

　최근에는 집행정지 신청의 인용가능성이 조금 떨어지는 측면도 있으므로 집행정지 신청에서부터 사안을 철저히 검토할 필요가 더욱 커졌다. 가장 기본적인 불복 기간을 준수하지 못해서 생각보다 많은 분이 어려움을 겪으시기도 한다. 기간 준수에도 반드시 신경을 써 주셨으면 좋겠다는 당부의 말을 남긴다.

# 학교폭력대책심의위원회 조치처분이
# 너무 과하다면...

학교폭력대책심의위원회 위원장이 사실관계에 대한 질문을 하겠다는 말이 떨어지자마자 학교폭력대책심의위원회 심의위원 중 몇 사람이 흥분하며 질문하기 시작하였다. 아무리 가해학생 입장이라고 하지만, 우리가 하는 말을 조금도 들으려 하지 않았다. 학교폭력대책심의위원회 위원들은 우리가 진술하러 들어오기 전에 모든 결론을 이미 내려 버린 상태인 것 같았다. 우리가 어떤 말을 해도 그들이 원하는 의도대로 해석하거나 원하는 답변을 유도하는 질문이 이어질 뿐이었다.

우리 아들은 초등학교 5학년 남학생이다. 둥글둥글한 성격이라 교우관계에서 문제가 생긴 적도 없었고, 친구들이랑 휴대폰 게임하는 것을 제일 좋아하는 아이이다. 가끔 아이의 휴대폰을 살펴보아도 남자 아이들과 게임에 관련된 유튜브 영상이나 짤을 공유하는 게 거의 전부였고, 같이 어울려 노는 친구들도 남자 친구들 뿐이었다.

하지만 우리의 평온한 일상이 깨지는 사건이 발생했다. 아이 담임 선생님으로부터 학교폭력 신고가 들어왔다는 전화를 받게 되었다. 게다가 우리 아들이 가해학생이라고 한다. 생각지도 못한 전화라 말문이 막혔다. 학교폭력 같은 걸 당하는 건 아닌지 걱정하면서 키웠던 아이라 더 믿을 수가 없었다. 어떤 내용인지 전달하는 선생님의 말에 하마터면 뒤로 넘어질 뻔하였다.

"피해학생 여학생의 성기를 강제로 만졌다고 하네요."

아들에게 몇 번을 물어보아도 대답은 한결같았다. 피해학생은 영어학원이 같아서 누군지는 알지만 카카오톡으로 대화를 하거나 말을 걸어본 적도 없는 그냥 아는 친구라고 하였다. 요즘 초등학생들의 신체발달이 우리가 자랄 때와 많이 다르지만 우리 아이는 그렇지 않다. 키도 150cm도 되지 않을 정도로 작고, 얼굴에 젖살도 그대로 있어 여동생이 누나라고 착각하는 사람들도 많다. 최근에도 아빠와 목욕탕에 다녀왔는데 2차 성징의 기미도 보이지 않는다고 하였다.

우리는 아들의 말을 굳게 믿었다. 선생님이 전달한 내용은 성인도 하기 어려운 행동인데 우리 아들이 했다는 것은 물리적으로 불가능하다고 생각했다. 상식적으로 실제 그런 행동이 가능하지도 않았다고 생각한 것이다. 이미 벌어진 일을 어쩔 수 없으니 학교폭력대책심의위원회 심의를 준비할 수밖에 없었고, 우리는 사실대로 말하면 그만이라고 생각했다. 하지만 그 준비과정이 말처럼 쉽지 않았다. 아들도 굉장한 스트레스에 시달리며, 하루하루 시들어 가는 것처럼 보였다. 피해학생이 괘씸하다는 생각도 들었다.

보호자 확인서와 학생 확인서도 인터넷으로 공부하며 잘 작성하여 제출하였다. 학교폭력대책심의위원회 심의위원들도 상식이 있기 분들이므로 피해학생이 거짓말을 하고 있다는 것을 잘 알고 있을 거라고 생각했다. 학교폭력대책심의위원회 심의일이 되었다. 긴장되고 떨리긴 하였지만 잘 해결되리라 믿었다.

학교폭력대책심의위원회 위원장이 사실관계에 대한 질문을 하겠다고 하자, 심의위원 중 몇 사람은 흥분한 상태로 질문하기 시작하였다. 아들이 그런 사실이 없다고 말했지만 들으려고 하지 않았고, 전혀 그렇지 않다고 답변하는데도 본인들이 원하는 답변을 강요하듯 질문하였다. 우리가 어렵게 노력해서 모았던 진술서나 자료 등을 읽어 보지도 않은 것 같았다. 우리는 망연자실하지 않을 수 없었다.

하지만 심의 결과는 상식에 맞게 나올 것이라는 희망을 놓지 않았다. 그렇게 조치결정통지서가 오기만을 열흘이 넘게 기다렸다. 하지만 그런 희망도 무너졌다. 전학처분이 나온 것이었다. 한숨이 나오고 정말 억울해서 미칠 것 같았다. 조금 이따가 학원에서 돌아올 아이에게 어떻게 말을 전해야 할지 몰랐다.

어렵게 수소문하여 전문 변호사를 찾아갔다. 이사라는 것을 갑자기 갈 수 있는 것이 아니기 때문에 강제전학 처분의 집행을 정지해 놓을 필요가 있었고, 변호사님의 도움으로 집행정지 신청을 하여 인용결정을 받았다. 덕분에 적어도 행정소송의 결과가 나올 때까지는 이사 걱정을 하지 않아도 되었다.

집행정지 신청 과정에서 알게 된 것은 상대방인 교육청에서도 집행정지 신청이나 행정소송을 전문으로 하는 변호사가 일을 처리하기 때문에 혼자서는 절대 대등하게 싸울 수 없다는 점이다. 만약 나 혼자서 진행했다면 바로 패소하였을 것이다.

집행정지는 인용되어 전학을 가지 않아도 되었지만, 우리의 행정소송은 아직 진행 중이다. 어떤 결과가 나오든 미련은 없을 것 같다. 내가 하고 싶은 말이 있어도 상대방을 이해시키고 설득하는 것은 또 다른 문제라는 것을 깨달았다.

# 학교폭력 행정심판이나 행정소송 시 집행정지 인용을 받으려면?

"변호사님, 이 사건 이후로 하루도 마음 편했던 날이 없어요."

학교폭력 상담을 할 때마다 학부모님들로부터 늘 듣게 되는 말이다. 학교폭력에 연루된 자녀 문제로 확인서 작성을 해야 하는 부모님, 곧 학교폭력대책심의위원회 출석을 앞두신 부모님들도 그렇겠지만, 그 모든 힘겨운 과정들을 거쳐 처분 결과까지 통지받았으나, 그 결과를 도무지 받아들일 수 없다고 생각되시는 부모님들이라면 그 마음이 더욱더 무거우실 수밖에 없다.

요즘은 교육청 등에서 배포하는 매뉴얼을 직접 공부까지 하시면서, 자녀의 문제를 어떻게든 잘 해결해 보고자 노력하시는 부모님들도 많이 계시고, 장학사님 등과 여러 번 전화통화를 하시면서 이미 많은 정보들을 들어 익히 알고 계시는 부모님들도 많이 계신다. 때문에 1호~3호까지의 처분은 이행만 하면 생활기록부에 기재가 되지 않는 '조건부 기재유보 사항'이라는 점도 굳이 말씀드리지 않아도 알고 계시는 경우가 정말 많다.

하지만 내가 학교폭력 행위를 범한 가해학생이라는 점을 도무지 인정할 수 없는 상황이라면? 그러니까 오히려 내가 피해학생인데, 가해학생이라고 인정된 것도 모자라 일정한 처분까지 받게 된 상황이라면, 과연 조건부 기재유보 사항이라는 이유로 해당 처분을 받아들이고 이를 이행할 수 있을까?

이는 정말 쉽지 않은 문제이다. 해당 처분을 이행한다는 것은 내가 가해학생이라는 것을 전제로 하는 것이기 때문이다. 이러한 이유로 조건부 기재유보 사항인 1~3호까지의 처분이 나왔음에도 학교폭력 행정심판이나 학교폭력 행정소송 등을 제기하여 이를 다투고자 하시는 분들도 많이 계신다. 가장 가볍다고 하는 조건부 기재 유보 처분에 대해서도 이러하니, 4호 이상의 처분을 받아들이지 못해 그 불복 절차로서 학교폭력 행정심판이나 학교폭력 행정소송을 고려하시는 분들은 훨씬 많으실 수밖에 없다.

이렇게 행정심판이나 행정소송을 제기하실 때, 절대로 잊지 말고 꼭 기억하여야 할 것이 집행정지를 함께 검토하고 신청하여야 한다는 점이다. 나에 대한 불합리한 처분이 실현되기 전에, 혹은 처분의 이행기한이 도과해 버리기 전에 처분의 집행을 정지시켜 두는 것이 반드시 필요하기 때문이다. 이는 나의 싸움이 과연 실효성 있는 싸움이 되느냐, 그렇지 못하느냐와 직결되는 중요한 문제이다.

집행정지가 받아들여지기 위해서는, 과연 '회복할 수 없는 손해가 있는지'. 집행을 정지하여야 할만큼 '긴급한 필요가 있는지', 또 '공공복리에 중대한 영향을 미칠 우려가 없는지'를 잘 소명하는 것이 매우 중요하다.

최근 사회적으로 이슈가 되고 있는 사안 등의 이유로 집행정지의 인용률이 굉장히 낮아지고 있는 추세이다. 특히 3호 교내봉사 처분 이내의 조건부 기재유보 처분의 경우에는 사회 분위기 등을 고려하여, 또한 다소 경미한 처분이라는 점을 이유로 그 집행정지를 인용받기가 굉장히 쉽지 않다.
그렇기 때문에 어떠한 이유로 우리 아이에 대하여서 만큼은 집행정지가 인용되어야 하는 것인지, 그 필요성에 관해 치밀한 소명을 하는 것이 반드시 필요하다.

학교폭력 행정소송, 학교폭력 행정심판을 고민하면서 집행정지를 신청하는 일을 잊는 일은 절대로 없었으면 한다.

# 학교폭력 관련
# 민사/형사 소송

# 학교폭력, 조치처분과 별도로
# 형사처벌도 되나요?

* 이하는 실제 사례를 각색한 것입니다.

　얼마 전 딸이 학교에서 학교폭력 징계를 받았다. 처음 학교폭력 신고가 접수되었을 때는 믿을 수 없었다. 아직 눈에 넣어도 아프지 않을 만큼 아기 같은 딸이 학교폭력 처벌이라니? 애들끼리 싸우기도 하면서 크는 건데 학교폭력이라니 너무 과장한 거 아니야? 등 별생각이 다 들었다.

　조별과제 시간이었다고 한다. 딸은 서로 간의 의견이 자유롭게 오가는 시간을 기대했다. 하지만 학급 반장이자 같은 조원이었던 민우(가명)가 그날따라 유독 자기만의 의견을 고집했다. 주제를 선택하는 과정에서부터 과제를 마치는 순간까지, 민우는 조원들의 의견을 시답잖은 것처럼 치부하며 무시했다. 똑똑하고 기가 센 민우가 상황을 밀어붙이자 다른 조원들도 대놓고 불만을 밝히지는 못했다. 소심했던 딸 역시 대놓고 이야기를 하지는 못했던 것 같다. 딸은 에스크에 익명으로, 조별과제에서 독단적인 모습을 보였던 민우를 비방하는 듯한 글을 올렸다. 친한 친구들만 있는 비공개 계정에 관련 스토리를 올리기도 했다. 몇 명의 친구들에게는 자기가 짜증나서 익명 글을 작성했다는 이야기를 하거나, 민우에 대한 뒷담화를 하기도 했다고 한다. 딸이 작성한 글을 시발점으로 몇 명의 친구들이 민우를 비방하는 댓글을 달기 시작했다. 그리고 민우는 딸을 학교폭력으로 신고했다.

학교폭력대책심의위원회에서 딸은 모든 것을 자백했다. 민우가 상처받은 부분이 있으면 사과하고 싶다고, 정말 미안하게 생각한다고 이야기했다. 그리고 딸은 학교폭력으로 1, 3호 서면사과 및 교내봉사 처분을 받았다. 기한 내에 교내봉사만 제대로 하면 생활기록부에도 기재가 되지 않는다고 하니 더는 걱정하지 않아도 되겠다고 생각했다. 그런데 며칠 뒤 민우가 딸을 사이버 명예훼손으로 형사고소했다. 명예훼손이라니? 경찰 조사라니? 살면서 단 한 번도 생각해 보지 못한 일이다. 나보다 어리고 여린 딸이 형사처벌을 받을 수 있다는 걸까...? 당황스럽고 떨리는 마음에 변호사 사무실을 찾았다.

학교폭력 전문 변호사로 일하면서, 이번 사례처럼 학교폭력 가해학생 신고를 받고 소극적으로 대응하다가 나중에 형사고소까지 당한 뒤 당황하여 제대로 된 대응을 하지 못하는 경우를 종종 보게 된다.

학교폭력대책심의위원회 절차와 형사, 민사 절차는 완전히 별개이다. 위 절차들이 완전히 별개인 관계로, 학교폭력 피해학생은 학교폭력 신고 후 별도의 형사고소를 진행할 수도 있고, 자신의 손해에 대한 배상을 청구하는 내용의 민사소송을 제기할 수도 있다.

학교폭력 가해학생의 경우 학교폭력대책심의위원회에서 학교폭력이 아니라는 처분 결과를 받았다 할지라도, 형사절차에서는 유죄 취지의 보호처분 또는 형사처벌을 받을 수도 있다. 학교폭력대책심의위원회에서 조치처분을 받은 뒤 별도로 형사고소 등이 진행되어 학교폭력대책심의위원회 처분과 형사처벌을 모두 다 받을 수도 있는 것이다. 그렇기 때문에 형사고소가 진행되어 수사를 받아야 한다는 통지를 받게 되었다면, 설사 학교폭력대책심의위원회에서 학교폭력이 아니라는 결과를 받았다 할지라도, 또 생각보다 다소 낮은 처분을 받은 사실이 있다고 할지라도, 손 놓고 만연히 대처해서는 안 된다. 학교에서 또는 학교폭력대책심의위원회에서 의견을 밝히고 자료를 제출했다고 해도 수사과정에서도 혐의 사실을 탄핵하기 위한 다양한 의견과 증거들을 제출하는 일을 반드시 해야 한다.

익숙하지 않은 경찰 조사 과정에서 분위기에 압도되어 당황하는 경우가 많다. 무엇이 유리한지, 무엇이 불리한지에 대해 생각지도 못한 채 진술을 하게 되는 경우도 빈번하다. 그러므로 이런 경우에는 변호사 입회하에 수사에 임하거나, 변호사의 직접적인 도움을 받아, 혹은 상담만이라도 받아 자신의 의견을 밝힌 의견서를 미리 제출하는 것이 형사절차에서 원하는 결과를 얻는 데 큰 도움이 된다. 범죄소년의 경우에는 사건이 형사절차로 진행되는 것을 막고, 소년보호사건으로 진행될 수 있도록 하기 위한 부분에서부터도 변호인의 적극적인 조력을 받는 것이 좋다.

# 학교폭력과 촉법소년, 소년범죄 이야기

뉴스에서는 흉악한 소년범죄에 관한 이야기가 심심치 않게 나온다. 최근에도 소년범죄에 대한 처벌강화가 필요하다는 논의를 지핀 뉴스가 있었다. 중학생 3명이 한 식당에서 주인을 위협하며 손님을 내쫓고 행패를 부린 일로 경찰에 입건되었다. 이들은 식당 앞에서 자주 담배를 피웠고, 주인이 "가게 앞에서 흡연하지 말라"고 말하자 앙심을 품고 두 차례나 식당에 찾아가 손님을 내쫓고 건물을 설치된 CCTV를 부수고 식당 주인을 밀치는 행동 등을 하였던 것이다.

그리고 사람들은 이들이 한 말에 경악하고 말았다.

"우리는 사람 죽여도 교도소에 안 가요!"

이들은 촉법소년 제도를 알고 있었다. 이런 뉴스가 나올 때마다 세상은 촉법소년의 나이를 낮추고, 강력한 처벌을 하여야 한다는 이야기로 시끌시끌해진다. 현행 소년법은 소년범죄가 날로 증가하고 있고 범죄 수위가 성인범죄 못지않게 잔인해지는 현실과 동떨어져 있다는 것이다. 국민 10명 중 8명 이상이 소년법 개정 또는 폐지를 통하여 소년범죄에 대한 처벌 수위를 강화하여야 한다고 답한 여론조사 결과도 발표된 바 있다.

지금부터는 촉법소년이 정확히 무엇인지, 소년사건과 학교폭력 사건은 어떤 관계가 있는지 이야기해 보려고 한다.

촉법소년은 형벌 법령에 저촉되는 비행을 저지른 만 10세부터 만 14세 미만의 소년이다.

'촉법소년'은 「소년법」에서 나오는 개념이다. 대한민국 국민은 「형법」 등에서 정한 죄를 범한 경우 사형, 징역, 금고, 벌금 등과 같은 형벌을 받게 된다. 그런데, 형법은 만 14세가 되지 않은 사람의 행위는 처벌하지 않는다(형법 제9조). 이렇게 법에서 정한 죄를 저질렀지만 만 14세 미만이라서 책임을 면하는 사람을 '형사미성년자'라고 한다. 형사미성년자는 아직은 정신적으로나 신체적으로 미숙하여서 성인과 같이 처벌하는 것은 바람직하기 않기 때문이다.

하지만 「형법」 등에 의한 형사처벌을 받지 않는다는 것이지 다른 책임까지 면하게 되는 것은 아니다. 특히, 「소년법」에서는 만 19세 미만의 사람을 '소년'이라고 하고, 만 10세 이상부터는 법에서 금지한 죄를 저지르면 '보호처분'을 내릴 수 있도록 규정하고 있다.

즉, 만약에 만 12세의 사람이 형벌 법령에 저촉되는 행위를 한 경우, 형사미성년자이므로 징역, 벌금 등과 같은 형사처벌을 받지 않지만, 소년법에 의하여 사회봉사명령, 보호관찰, 소년원 송치와 같은 보호처분은 얼마든지 받을 수 있다는 것이다. 그리고 이처럼 형사미성년자에 해당하여 형법 등에 의하여 형사처벌을 받지 않지만, 소년법에 의하여 보호처분을 받는 사람을 바로 '촉법소년'이라고 한다. 형사미성년자는 만 14세 미만의 사람이고, 소년법에서 정한 보호처분은 만 10세 이상의 소년에게 가능하므로, 결국 촉법소년의 연령대는 만 10세 이상부터 만 14세 미만이 된다.

참고로 '범죄소년'이라는 개념도 있다. 범죄소년은 만 14세 이상의 소년으로서 죄를 범한 소년을 말한다. 범죄소년은 형사미성년자가 아니기 때문에 형사처벌을 받는 것도 얼마든지 가능하다. 검찰이나 법원의 판단에 따라 범죄소년은 형법 등에 의하여 형사처벌을 받을 수도 있고, 소년법에 의하여 보호처분을 받을 수도 있는 기로에 있는 사람이라고 볼 수 있다.

실무상 학교폭력이 인정된 사안에서 소년보호재판(이하 소년재판)도 함께 받는 경우는 많지 않다. 그러나 이것은 피해학생이 형사고소를 하지 않았기 때문이지 소년사건이 되지 않기 때문에 그런 것이 아니다. 피해학생이 지금이라도 형사고소를 진행한다면 학교폭력의 가해학생은 경찰서 여성청소년 수사팀에서 수사를 받게 될 것이다.

참고로, 학교폭력 유형 중 성 사안의 경우에는 장학사나 교사가 형사고발을 하여야 할 의무가 있어서 피해학생 측이 형사고소를 진행하지 않더라도 학교폭력 심의와 동시에 수사도 함께 진행되고, 수사결과에 따라 소년재판도 함께 받게 된다.

피해학생은 학교폭력 신고만 할지, 형사고소도 함께 진행할지 선택할 수 있다. 또 학교폭력과 형사고소를 동시에 진행할 수도 있고, 따로 제기할 수도 있다. 학교폭력 심의를 마친 뒤에 형사고소를 진행하는 것도 얼마든지 가능한 것이다.

소년범죄는 따끔하게 혼나고 끝날 수 있는 간단한 문제가 아니다. 소년범죄의 보호소년(가해학생)은 학교폭력대책심의위원회에서 조치처분을 받는 문제, 소년재판을 통하여 보호처분을 받게 되는 형사문제, 그리고 피해학생에게 피해배상을 하여야 할 민사문제에 모두 직면할 수 있다. 또한 미성년자의 경우, 손해배상에 대한 책임은 미성년자 본인뿐만 아니라 그 부모가 함께 지게 되므로 나중에 민사소송을 제기당하면 피고에 부모도 함께 포함되어 있음을 확인할 수 있다. 이처럼 소년범죄는 단순한 성장통으로 끝나지 않는다. 아프면 병원에 가서 진찰을 받듯이, 법률문제도 해당 전문가와의 상담을 통하여 현재 상황을 정확하게 진단하고 대비하는 것이 여러모로 현명한 선택이다.

# 소년보호재판 처분,
# 그리고 학교폭력 피해학생 어머니의 후기

\* 이하는 실제 사례를 각색한 것입니다.

소년재판이 열린 날, 마음속에는 이런저런 생각들이 가득했다. 하루라도 빨리 학교폭력을 인정받고, 소년재판이 열려서 가해학생에게 응당 내려져야 할 보호처분이 내려지기를 바라였다. 한 시간이 하루 같고, 하루가 일년 같이 느껴진 시간이었다. 하지만 아직도 우리 아영(가명)이가 받은 상처를 생각하면 억장이 무너진다. 설마 이번 일의 상처가 너무 커서 예전처럼 회복되지 못하는 건 아니겠지. 만약 그때의 기억을 지울 수 있는 약이 있다면 전 재산을 팔아서라도 그 약을 구해다 주고 싶은 게 지금 내 마음이다.

아영이는 모난 곳 없이 밝은 성격을 가졌다. 그래서 우리 부부도 앞으로의 학업을 걱정했지, 교우관계를 걱정하진 않았다. 그런데 2달 전쯤 회사에서 일하다 담임 선생님의 전화를 받게 되었다. 아영이가 집단 따돌림과 폭행을 당했다고 하였다. 나도 모르게 큰 소리로 '네?'라고 하며 지금 우리 딸은 어디 있냐고, 어디 크게 다치지 않았는지를 물어보고 바로 아이가 있는 학교로 갔다. 가는 내내 아무리 진정해 보려고 해도 심장은 요동쳤고 눈물은 멈추지 않았다.

보건실에서 앉아 있는 딸아이를 눈으로 직접 보니 잠시나마 안도감을 느꼈다. 어디 다친 곳은 없는지 물어도 아무런 말 없이 고개를 숙인 딸 아이를 보니 억장이 무너졌다. 곧이어 들어온 담임 선생님을 보자마자 참았던 분노가 폭발하고 말았다. 왜 도대체 이런 일이 발생한 것인지, 가해학생들은 지금 어디에 있는지 따져 묻지 않을 수가 없었다. 몇 번이고 크게 숨을 들이마시고 진정하려 해도 도무지 진정되지 않았다. 집으로 돌아와 아이에게 어떻게 된 일인지 물어보고 싶은 것을 꾹 참았다. 직접 말하고 싶을 때 말해 달라고, 엄마는 아영이를 진심으로 사랑한다고 말해 주었다. 아영이가 말문을 열었다. 사실 오래된 일이라고 하였다. 엄마가 속상해 할까 봐 말하지 못했다고 하였다. 그날 밤 나는 아이와 함께 펑펑 울었다.

주변 지인의 소개를 받아 학교폭력전문변호사를 선임하였다. 변호사님께서 직접 학교폭력 신고를 진행하고, 집단으로 폭행당한 부분은 형사고소를 진행해 주시기로 하였다. 위자료를 지급받는 민사소송은 학교폭력 조치처분이 나오면 진행해 주신다고 하였다. 사건의 처리는 변호사님께 맡겨 두고, 나는 딸 아이의 마음을 치유하는 것에 전념하였다. 변호사님이 그렇게 권하기도 하였고, 내 생각도 같았다.

학교폭력 심의 결과는 예상했던 대로였다. 가해학생에게 학급교체 처분이 내려졌다. 과정마다 변호사가 충분히 설명해 주고 처음에 말했던 대로 결과가 나오고 있었기 때문에 믿음이 갔다. 모든 과정이 순조로웠다. 이제는 소년재판만 남았다.

학교폭력대책심의위원회 때처럼 당연히 출석하여 진술한다고 생각하고 있었는데 변호사님은 출석을 만류하였다. 원하면 출석할 수 있으나 하지 않는 편이 정신건강에 좋다고 하였다. 특히 피해학생인 아영이는 오지 않도록 하라고 하였다. 하지만 나는 출석하겠다고 하였고, 나중에야 변호사님의 말 뜻을 이해하게 뇌었다.

소년재판이 열린 날, 서울가정법원으로 갔다. 환자가 많은 병원처럼 어수선한 분위기, 가해학생으로 보이는 학생들과 부모들이 보였다. 그리고 그 사이에서 아영이를 힘들게 한 가해학생들도 보았다. 반성의 기미도 없이 휴대폰 게임을 하는 모습을 보니 그간 마음 수양을 한 것이 와르르 무너졌다. 내가 아영이 엄마인지도 모르겠지... 보지 않으려고 해도 계속 곁눈질하게 된다. 잠시 뒤 가해학생들의 이름이 불렸고, 별도로 마련된 대기실에 들어갔다. 그리고 소년재판 재판정에 들어갔다.

나는 변호사님과 함께 맨 뒤에 있는 의자에 앉았다. 판사님이 가해학생들에게 사실관계를 읽어주며 맞냐고 묻자, 가해학생들은 일부 다른 사실도 있고, 피해학생이 맞을 만한 이유가 있는데 상황이 이렇게 되어 억울하다고 하였다. 이에 변호사님이 사건이 흘러온 경위와 가해학생들이 여전히 거짓말을 하고 반성하고 있지 않다는 점 등을 차분히 설명하였다. 소년재판 판사님은 처분을 내리기 전에 가해학생들을 전부 소년분류심사원에 위탁하는 처분을 내렸다. 갑자기 경위들이 오더니 가해학생들을 어디론가 데리고 갔고, 가해학생의 부모는 어리둥절하게 자녀들이 끌려가는 것을 지켜보았다.

가해학생들은 같이 온 부모님과 함께 집에 돌아갈 수 없고, 소년분류심사원에 호송될 것이라고 하였다. 소년재판 판사님이 소년보호처분을 내리기 전에 구속된 것과 같이 소년분류심사원에서 생활하는 거로 생각하면 된다고 하였다. 통쾌한 마음이 들면서도 가해학생들이 뻔뻔하게 변명하는 모습은 뇌리에서 잊혀지지 않았다. 차라리 듣지 않는 편이 나았을 것 같다. 요즘 넷플릭스에서 드라마 '더글로리'가 유행이다. 실제 고데기 사건을 모티브로 한 것이라거나 비슷한 학교폭력 사안을 다루는 뉴스들도 많이 보인다. 하지만 우리 가족은 보지도 않고, 입에 올리지도 않는다. 마치 '더 글로리'라는 드라마 속 학교폭력이 아영이가 당하는 일인 것 같이 느껴지기 때문이다. 이런 고통은 피해학생이 되어야 알 수 있을 것이다.

한 달 후, 소년재판이 다시 열리는 날이다. 그날은 변호사님만 출석하고 나는 가지 않았다.

그리고 소년 판사님은 가해학생들을 소년원에 송치하는 소년재판 처분을 내렸다.

# 학교폭력 피해 후 적극 대응하여 정의를 찾았다(증거 자료수집부터 위자료까지)

학교폭력대책심의위원회가 열렸다. 다행히 나는 가해학생에 대한 증거를 이를 악물고 수집했고, 이를 입증할 수 있어 가해학생은 강도가 높은 처분을 받았다. 또한 이와 별도로 그에게 형사합의금과 위자료도 청구할 수 있었다. 길고 무서웠던 지난 몇 달이 주마등처럼 흘렸다.

* 이하는 실제 사례를 각색한 것입니다.

동훈(가명)이와는 중학교 때부터 알고 지낸 사이다. 아니 악명이 높아 익히 피하고 싶었던 녀석이다. 사람의 운명은 참 얄궂다. 피하고 싶은 이와는 꾸준히 같은 반이 되고 꼭 같이하고 싶은 단짝과는 3년 내내 같은 반이 된 적이 없다. 그런데 이런 악연이 고등학교까지 이어졌다.

## 1. 악연

고등학교 1학년 반에 들어가자마자 동훈이가 눈에 보였다. 실망하는 나와 달리 동훈이는 나를 은근 반갑게 불러주었다. 대부분 얼굴을 모르는 친구들인데 익숙한 내가 실제 반가웠을지도 모른다. 하지만 아마 동훈이는 그때부터 나를 "먹잇감"으로 생각했을 것이다.

신학기 시작 후 처음 담임 선생님과 면담이 있었다. 그때 조심스럽게 "동훈"이 때문에 조금 불편하다고 이야기했다. 동훈이는 장난으로 했을지 몰라도 나는 그가 겨루기하자고 할 때마다 스트레스를 받는다고 이야기했다.

며칠 뒤 담임 선생님에게 이야기하지 말 걸 후회가 밀려왔다. 담임 선생님은 신학기 주의사항을 공지처럼 이야기해 주시면서 내가 한 이야기를 공개적으로 이야기하셨다. 익명으로 이야기하셨지만, 반 친구들은 아니, 동훈이는 누구 이야기를 하는 것인지 뻔히 알고 있었다. 물론 반 친구들도 별일 아니라고 생각했을 것이다.

태권도 2단인 동훈이는 나를 겨루기 상대로 생각했다.

동훈이는 태권도 2단이고 나는 뒤늦게 태권도를 시작해 아직도 빨간 띠다. 동훈이는 쉬는 시간에 나에게 태권도를 알려준다고 하고 겨루기를 하는데 그때마다 나는 맞는 역할이다. 하지만, 신학기 때 얼굴도 모르는 친구들에게 맞고 다니는 루저처럼 행동하기 싫어서 그때마다 나도 웃으며 반격하는 흉내를 냈다. 그와 어깨동무도 하고 마치 중학교 절친끼리 장난하는 것처럼 행동했다.

담임 선생님이 공개적으로 주의하라고 경고한 이후 동훈이의 괴롭힘은 더욱 교묘해졌다. 카카오톡으로는 무척 절친인 것 같이 문자를 보내고 겨루기를 할 때 내가 맞으면 같은 방식으로 자신을 때리는 모습을 사진을 찍기도 했다. 그 순간 무언가 잘못되고 있다는 사실을 깨닫게 되었다. 이 녀석 내가 학교폭력 신고하면 서로 장난친 거라는 밑밥을 지금부터 깔고 있구나... 확신이 들었다.

그날 부모님에게 사건의 전모를 이야기했다. 그리고 그 다음 날 학교폭력 사건에 경험이 많은 변호사를 찾아가 상담하였다.

## 2. 피해사실을 입증하기 위한 객관적인 증거수집!

이날부터 스파이 영화급 작전이 시작되었다. 가슴이 두근거렸지만 잘 참고 변호사님에게 전달받은 대로 행동했다. 솔직히 무서웠지만, 괴롭힘에서 벗어나고 싶은 마음이 더욱 강했다. 혹시 동훈이가 내가 변한 걸 알면 어떻게 하지? 내가 증거수집하고 있다는 사실을 알면 더욱 교묘하게 나를 괴롭힐 텐데. 아니 일단 더욱 강력한 해코지가 시작되면 어떡하지 오만가지 걱정이 떠올랐다.

학교폭력 경험이 많은 변호사님들 조언대로 객관적인 증거수집을 시작했다.

변호사님 말로는 피해사실을 객관적으로 입증할 수 있는 증거가 중요하다고 했다. 그동안 나는 막연히 주변에 나의 피해 사실을 목격한 친구들이 증언을 해 주면 될 것으로 생각했다. 하지만, 여기에 기댈 수 없었다. 더구나 나도 창피해서 같이 장난치는 것처럼 연기했으니 말이다.

이날부터 동훈이가 겨루기를 요청할 때마다 몰래 핸드폰 녹음기능을 켜 두었다. 그리고, 명확히 내 의사표현을 했다. 동훈아 이제 겨루기 하기 싫어, 나는 너한테 당할 수가 없어 2단과 빨간 띠가 어떻게 겨루기를 할 수 있겠어? 물론 동훈이는 멈추지 않았다.

다행히(?) 동훈이는 내가 녹음기를 켜 두고 있다는 사실을 모르는 듯 계속 겨루기를 핑계로 나를 때렸고, 내가 아프다고 하면, 엄살이다, 웃고 있네 등 동훈이가 나를 비웃었던 내용들이 계속 녹음되었다. 그리고 나는 집에 가서 멍든 팔, 다리 사진을 찍고 병원 진단서까지 받아 두었다.

그동안 정말 긴 터널을 지나온 느낌이다. 너무 무서웠지만, 나를 위해 용기를 내 보았다. 그리고 그 결과 동훈이는 무거운 징계처분을 받게 되었다. 그와 별도로 형사합의금과 위자료까지 받을 수 있었다. 학교폭력 변호사님들 덕분에 나의 인생을 찾게 된 것이다!

## 3. 학교폭력 증거수집에 관한 팁

학교폭력대책위원회 심의위원은 피해학생이 주장하는 말만 믿고 사실관계를 인정할 수 없다. 따라서 피해학생은 학교폭력 신고를 할 때 피해사실을 뒷받침하는 객관적인 자료, 즉 증거도 함께 제출하여야 한다. 의뢰인과 상담을 하다 보면 어떤 것이 증거가 되는지, 또 증거가 없는 상황에서는 어떻게 증거를 수집하여야 하는지 질문을 받는 경우가 매우 많은데, 이에 대한 몇 가지 팁을 공유하고자 한다.

• 증거로 사용할 수 있는 것을 리스트업 해보자!

피해학생이 주장하는, '학교폭력이 발생하였다고 추론할 수 있는 자료'는 모두 증거로 사용할 수 있다. 대표적으로 녹음파일, 목격자의 진술서, 사진, SNS 메시지, 진단서, 소견서, 현장 CCTV 등이 있고, 심지어 피해학생이 학교폭력을 당할 당시의 감정을 적은 일기장도 훌륭한 증거자료가 될 수 있다.

일단, 피해학생은 학교폭력이 발생하였다고 볼 수 있는 증거자료를 모두 적어 보는 것이 필요하다. 그리고 각 증거자료를 통하여 증명하려는 사실, 증거를 설명하는 내용 등을 함께 기재해 보면 좋다.

【예시】

| 연번 | 증거자료 | 취지 |
|---|---|---|
| 1 | 카카오톡 메시지 | 2021. 12. 5. 겨루기를 하자고 요청한 것을 거절하자 욕한 메시지 |
| 2 | 친구 김○○의 진술서 | 2021. 12. 8. 학교폭력을 당한 것을 목격한 ○○○의 진술서 |

• 객관성이 높은 증거를 선별하자.

다음으로 해야 할 일은 여러 증거자료 가운데 객관성이 높은 증거를 선별하는 것이다. 증거자료가 많으면 많을수록 좋다고 생각하고 모든 증거자료를 제출하는 것은 바람직하지 않다. 학교폭력대책심의위원회 심의위원은 심의 당시 모든 증거자료를 다 읽어보고 검토할 수 있는 시간적 여유가 없기 때문이다. 따라서 학교폭력 신고서도 간단 명료하게 기재하는 것이 좋고, 제출할 증거도 증거가치에 따라 선별하여 제출하는 것이 좋다.

모든 증거가 동일한 가치를 가지지는 않는다. 객관성이 높은 증거의 증거가치가 상대적으로 높다고 볼 수 있고, 이러한 증거들을 제출하는 것이 전략적으로 더 도움이 된다는 사실을 숙지하는 것이 좋다.

• 증거마다 제출하는 방법이 다르다.

아무리 좋은 증거라고 하더라도, 증거를 보는 사람이 이해하지 못한다면 소용이 없다. 이러한 부분을 염두에 두고, 어떻게 제출해야 증거를 보고 판단하는 사람도 내가 제출하는 취지를 잘 이해할 수 있을지 생각해보아야 한다.

증거마다 제출하는 방법이 조금씩 다르다. 예를 들어, 녹음파일의 경우 속기사를 통한 녹취록을 함께 제출하는 것이 좋고, SNS 메시지는 통째로 제출하는 것이 아니라 학교폭력에 해당하는 사실을 발췌하여 제출하는 것이 좋다. 동영상 파일의 경우 학교폭력에 해당하는 사실이 녹화된 부분을 특정하고, 녹화된 화면을 설명하는 서면을 함께 제출하는 것이 좋다.

# 가해학생이 교내봉사 처분을 받은 경우 손해배상액은 얼마나 인정되었을까

　학교폭력 피해학생 측이 가장 궁금해 하는 것 중 하나가 민사상 손해배상청구 소송을 제기하면 얼마나 인정받을 수 있을까이다. 이는 학교폭력 사안마다 피해학생에게 발생한 피해가 다르므로 단정적으로 답변할 수 없는 문제이지만, 실제 하급심 법원이 내린 판례를 통하여 대략적인 가늠은 해 볼 수 있을 것으로 보인다.

　실제 사건의 당사자들은 모두 중학교 2학년 학생들이다. 가해학생 A는 학교 화장실에서 피해학생이 화장실 문을 급하게 열다 화장실 문이 가해학생 A의 팔에 부딪히자 화가 났다. 가해학생 A는 피해학생의 왼쪽 어깨를 오른손으로 1회 때리고, 가해학생 B는 피해학생에게 물에 적신 휴지 덩어리를 던져 오른쪽 뺨에 맞게 하는 한편 피해학생을 화장실 칸 안으로 밀어 넣었고, 가해학생 C는 화장실 옆 칸 좌변기에 올라가서 피해학생의 뒤통수를 1회 가격하였다.

　피해학생의 학교폭력 신고로 학교폭력대책자치위원회[1]가 열리게 되었

---

1)  2020년 학교폭력예방법의 개정으로 인하여 학교폭력에 대한 심의권한이 단위학교에서 교육청으로 이관되었고, 단위학교에 설치되어 있던 학교폭력대책자치위원회의 업무를 교육청의 학교폭력대책심의위원회가 대신하게 되었다.

고, 가해학생들은 학교에서의 봉사 5일, 특별교육 2시간 이수조치를 받게 되었다. 또한, 가해학생들은 폭력행위에 대하여 수사기관에서 조사를 받고 소년보호사건으로 법원에 송치되었고, 위 소년보호사건에서 가해학생들은 '수강명령' 결정을 받았다.

추가로 피해학생은 가해학생을 상대로 30,000,000원을 배상하라는 민사소송을 제기하였다. 제1심법원은 위자료 명목으로 3,000,000원을 인정하고, 위자료 외 치료비 등 명목으로 24,000,000원을 인정하여 가해학생들은 공동하여 피해학생에게 총 27,000,000원을 지급하라는 판결을 선고하였다. 하지만 항소심 법원은 가해학생들은 피해학생에게 위자료 명목으로 6,000,000원을 지급할 의무를 인정하였지만, 치료비 등은 인과관계가 인정되지 않는다는 이유로 인정하지 않았다. 만약, 피해학생 측이 치료비 등이 학교폭력으로 인하여 발생하였다는 인과관계를 잘 입증하였다면, 항소심에서는 총 33,000,000원을 인정받을 수도 있었던 것이다.

구체적인 사건에서 손해배상액이 얼마나 인정되는지 문제는 실제 발생한 손해를 얼마나 입증할 수 있는지의 문제로 직결된다. 위자료의 경우라면, 위 사안은 교내봉사 처분을 받은 사안이므로, 그 이상의 조치처분이 나온 사안이라면 얼마든지 위자료 금액이 상향될 가능성이 있다. 치료비 등 적극적 손해라면, 피해학생이 학교폭력으로 인하여 발생한 모든 손해를 청구할 수 있는 것이 원칙이므로, 실제 병원에서 치료를 받을 때 학교폭력으로 인하여 받는다는 점을 진료기록부에 남기는 것도 좋은 방법이 될 수 있다고 보인다.

# 학교폭력 자살 사건, 학교폭력 신고의무를 위반한 교사의 책임은?

　학교폭력 자살 사건을 뉴스로 접하며 마음이 참 무겁다. 이런 보도들과 관련하여, 학교폭력 사실을 학교에 이야기했음에도 불구하고 아무런 관련 조치들도 이루어지지 않았다는 내용들이 함께 문제시되는 경우가 많다. 실제 상담 중에도 아래와 같은 내용의 질문들을 종종 받게 된다.

　"담임 선생님 책임을 꼭 묻고 싶어요. 변호사님, 방법이 있을까요?"라는 질문 말이다.

　아이가 학교폭력 피해학생인 경우, 부모님들께서는 아이의 담임 선생님이 아이가 당하는 지속적인 괴롭힘을 보고, 또 다른 학생들로부터 직접 전해 들었음에도 아무런 특별한 조치도 없이 이를 방관하고만 있었다는 점을 절절하게 호소하신다.

　아이가 학교폭력 가해학생인 경우에도 위와 같은 상담 요청이 들어오는 경우가 많다. 분명 쌍방으로 접수된 사안임에도, 아이의 성적이 상대방 아이에 비해 다소 좋지 않고, 장난끼도 많은 개구쟁이라는 편견 때문에 오롯이 상대방 아이의 말만을 듣고 믿으며, 사건 진행 중 지나치게 편파적인 모습을 보인다는 것이다. 비슷한 경중의 사실관계를 주장하며 쌍방으로 진행 중인 사건임에도 일방에 대하여서만 지나치게 과중한 긴급조치가 내려지기도 하고, 담임이 학교폭력 담당 선생님께 한쪽의 입장만을 대변해 주듯 사건에 대해 설명을 한다며 억울함을 토해 내신다.

이 뿐만이 아니다. 피해 측으로부터의 항의 사실을 단 한 번도 제때, 제대로 전해 주지 않아 결국 피해학생 측에서 반복된 괴롭힘을 이유로 학교폭력 신고를 진행하는 경우도 많기 때문에, 학교폭력 가해학생 부모님 입장에서도 교사의 편파적이고 공정하지 못한 모습, 또 무심히 많은 것들을 넘겨 결과적으로 사건을 잘못 키운 것에 대한 책임을 강하게 추궁하고 싶은 마음이 드는 것 같다.

피해학생이 자신이 당한 학교폭력 사실을 밝히고 적극적인 도움을 요청했음에도 불구하고, 교사가 이를 신고하여 수면 위로 올리기는커녕 묵인하고, 흐지부지 덮으려고만 했다면 관련한 책임을 져야 함은 물론이다.

위와 같이, 학교폭력 사실을 인지했음에도 불구하고 관련한 신고의무를 태만히 했다면, 교사가 국가공무원법상 성실의무 등을 위반했음을 이유로 징계권 발동을 촉구할 수 있다. 단순히 직무를 태만히 하는 것을 넘어 사건을 적극적으로 은폐하려고 했다는 점까지가 확인된다면 형사상으로는 직무유기죄를 문제삼을 수도 있다. 위와 같은 교사의 의무위반으로 인해 받은 정신적 고통 등에 대해 당연히 민사상 손해배상까지 청구할 수 있다. 실제 관련한 손해배상책임을 지게된 교사들도 있음은 물론이다.

오늘은 아무런 근거도 없이 편파적이고도 과중한 긴급조치를 내린 학교장에 대해 그 시정을 구하는 의견서를 제출했다. 위반의 점을 분명히 지적하고 밝히는 것만으로도 편파적이고 불공정하게 진행되던 많은 절차가 균형을 되찾는 경우가 많다.

부모님들께서 이런저런 사정들을 호소하시지만 사실 단순한 직무의 태만이나 마음에 들지 않는 일부의 업무처리 등만을 이유로 모든 책임을 추궁할 수는 없다.

하지만 실제 직무를 위반하여 피해를 키운 경우 또한 분명히 존재하기 때문에 자세한 상담을 통해 관련한 어떤 조치 등이 가능한지 확실히 검토하는 것도 그 의의가 있다고 생각한다.

# 통신매체이용음란죄로 고소당한 사람, 특히 미성년자라면 도움되는 글
## (ft. 겜매음, 에스크 성희롱)

예전에는 롤 게임이나 SNS앱으로 채팅을 하다가 생긴 문제로 고소를 행하는 경우 대부분 '명예훼손'이나 '모욕죄'를 죄명으로 삼는 경우가 많았지만, 최근에는 '통신매체이용음란죄'로 고소하는 경우도 많아지고 있다. 특히, 통신매체이용음란죄로 고소당한 사람이 미성년자인 학생인 경우도 상당히 많아지고 있는데, 그중에는 주로 에스크(asked)라는 앱을 이용하여 친구나 모르는 사람의 계정에 익명으로 성적 수치심이나 모욕감을 느낄 수 있는 글을 올리거나, 리그오브레전드, 메이플 스토리와 같은 롤 게임을 하다가 상대방을 성적으로 조롱하는 글을 올려 문제가 된 사례가 많았던 것 같다.

에스크의 경우 익명으로 글을 작성하므로 작성자가 누군지 알 수 없는 경우가 대부분이지만 경찰이 시간이 걸리더라도 작성자가 누구인지 찾아낼 수 있는 경우도 많다.

통신매체이용음란죄는 '성폭력범죄의 처벌 등에 관한 특례법'에서 2년 이하의 징역 또는 2,000만 원 이하의 벌금을 받을 수 있는 성범죄이다.

통신매체이용음란죄는 "자기 또는 다른 사람의 성적 욕망을 유발하거나 만족시킬 목적으로 전화, 우편, 컴퓨터, 그 밖의 통신매체를 통하여 '성적 수치심이나 혐오감을 일으키는 말, 음향, 글, 그림, 영상 또는 물건'을 상대방에게 도달하게 한 사람"을 처벌하는 것이다.

여기서 '성적 욕망'은 성행위나 성관계를 직접적인 목적이나 전제로 하는 욕망뿐만 아니라, 상대방을 성적으로 비하하거나 조롱하는 등 상대방에게 성적 수치심을 줌으로써 자신의 심리적 만족을 얻고자 하는 욕망도 포함된다. 또한 이러한 '성적 욕망'이 상대방에 대한 분노감과 결합되어 있더라도 통신매체이용음란죄로 처벌을 받는다.

그러나 성적 욕설을 하거나 패드립을 한 것만으로 통신매체이용음란죄로 처벌받는 것은 아니다. 실제 사건 중에는 리그오브레전드 게임을 하다가 채팅으로 "걸레, ○○○", "니 애미 ○○○" 등과 성적 욕설을 하였더라도 피해학생이 게임을 잘하지 못해 화가 나서 한 말이지 성적 욕망을 일으킬 목적으로 한 것으로 볼 수는 없다고 하며 무죄판결을 선고한 하급심 판례도 있다. 다만, 성적 욕설이나 패드립 속에 성적 욕망을 일으키는 말도 포함되어 있다면 통신매체이용음란죄가 성립된다.

일단 통신매체이용음란죄가 성립되는지를 떠나 고소를 당한 피고소인은 적어도 한 번은 경찰서에 출석하여 피의자 신분으로 조사를 받아야 한다. 그리고 경찰에서 어떻게 조사를 받아야 하는지 판단하기 위해서는 변호사에게 상담을 받아 보아야 한다. 피해학생와 가해학생의 관계, 문제되는 채팅 내용, 전후 사실관계 등을 종합적으로 살펴보아야 판단이 가능한 문제이고, 상담을 진행한 변호사가 의뢰인에게 가장 이익이 되는 방향이 무엇인지 알려 드릴 것이기 때문이다.

학생이라면 경찰에서 수사를 받는 것뿐만 아니라 교육청에서 학교폭력 대책심의위원회의 의결에 따른 조치처분도 받게 된다.

따라서 학생이라면, 통신매체이용음란죄로 형사처벌을 받는 부분만 방어해서는 안 된다. 만약, 그대로 방치한다면 교육청으로부터 생활기록부에 기재되는 조치처분을 받을 가능성도 커지게 되고, 향후 대학진학 등에도 큰 영향을 받게 된다. 따라서 학생이라면 형사사건뿐만 아니라 학교폭력 사건도 함께 진행할 변호사와 사건을 진행하는 것이 바람직하다.

이하는 실제 사건의 내용이다. 사건의 당사자 A는 고등학교 1학년 남학생이었고, 친구와 리그오브레전드를 하였다. 그런데 같은 편이던 사람이 일반적이지 않은 방법으로 플레이를 하였고, 그 바람에 A의 팀이 게임에서 지게 되었다. 게임에 진심이었던 A는 같은 편이던 상대방에게 채팅창을 이용하여 '엄뒤년' 등과 같은 패드립과 함께 성적 욕설을 심하게 하였고, 상대방이 한 번 더 하면 고소할 거라고 하였음에도 A는 심각성을 느끼지 못하고 더 심한 성드립을 치며 상대방을 조롱하였다.

A는 당시의 일을 새까맣게 잊어버리고 학교생활을 하였다. 그리고 한 달 뒤쯤, A의 부모님은 경찰서로부터 전화를 받게 되었고, 담당 수사관은 통신매체이용음란죄 등으로 수사하여야 하니 자녀와 함께 출석하라고 하였다. 다행히 A는 수사가 진행되는 초기 단계부터 변호인을 선임하여, 변호인의 조력을 받으며 대응해 나갔다.

형사사건의 경우 피해학생이 주장하는 내용이 캡처된 채팅창 사진으로 제출되어 있으므로 사실관계를 모두 인정하되 통신매체이용음란죄는 법리적으로 성립이 어렵다는 의견서를 제출하고, 피의자신문을 받을 때도 변호인과 동행하여 수사를 받았다. 그리고 형사사건은 기소유예로 종결되었다.

학교폭력 사건 또한 그 특성에 맞세 내응을 해 나갔고, 서면사과 조치를 받게 되어 생활기록부에 학교폭력 이력이 남지 않았다.

　의뢰인이 형사수사 절차와 학교폭력대책심의위원회에 각 1번씩 출석해야 하는 어려움은 있었으나, 대부분의 과정은 변호인이 처리해 줌으로써 학교생활에 큰 영향을 받지 않고 모든 사건을 마무리할 수 있었고, 그 결과도 장래에 어떤 불이익이 발생하지 않게 잘 마무리된 것이다. 처음 경찰서에서 전화를 받았을 때 형사처벌을 받을 가능성뿐만 아니라 대학교 진학에도 영향을 받을 조치처분을 받을 가능성도 컸던 사건임을 고려하면 매우 성공적인 방어를 해 낸 것이다.

　누구나 변호인의 조력을 받을 권리가 헌법상 보장되고 있다. 변호인의 조력을 받는다는 것은 법률적 판단과 관련된 도움을 받는 것에 그치지 않는다. 자신의 곤궁한 상황을 전적으로 도와주는 전문가가 있다는 것만으로도 심리적 안정감을 가질 수 있다. 특히 미성년자라면 혼자서 수사를 받고 교육청에서 열리는 심의에 출석하여 여러 의원이 하는 공격적인 질문을 받아낸다는 것이 결코 쉬운 일이 아니므로, 그 과정에서 전문 변호인이 함께 한다면, 더욱 올바른 방향으로, 더욱 이익이 되는 방향으로 좋은 결론을 이끌어낼 수 있다.

# 촉법소년 비행, 소년보호재판
# 소년보호처분은 어떤 기준으로 내릴까

만 10세 이상 14세 미만에 해당하는 촉법소년이 형사범죄에 해당하는 행동을 한 경우 소년보호재판(이하 '소년재판')을 받게 된다. 만 14세 이상 이라면 성인과 같이 형사재판을 받을 수도 있고 소년재판을 받을 수도 있다. 이하에서는 촉법소년 또는 청소년 범죄로 인하여 소년재판을 받게 되는 경우 어떻게 대응하는 것이 좋은지, 소년재판에서 소년보호처분은 어떤 기준으로 판단하는지를 알려 드리려고 한다.

## 1. 경찰 전화를 받았을 때 해야 할 일

경찰서에서 전화가 왔어요. 아이가 사고를 친 것 같은데 어떻게 해야 되죠?

촉법소년 범죄 등에 대한 소년재판 이전에 경찰의 수사가 먼저 진행된다. 여성청소년수사팀(여청계)이 촉법소년 범죄와 같은 청소년범죄를 담당하므로 경찰서로부터 출석요구를 받게 된다면 여청계 수사관님의 전화를 받게 되고, 때론 문자메시지로 출석요구를 받는 경우도 있다. 부모나 촉법소년 당사자는 경찰의 전화를 받게 되면 당연히 놀랄 수밖에 없다. 경찰의 전화가 왔다는 것은 촉법소년 범죄에 대한 수사가 진행되고 있다는 것을

이미하는 것이므로 놀란 마음을 가라앉히고 이하의 내용을 꼭 확인해야
한다.

전화한 담당 수사관의 이름, 연락처, 소속 등을 확인하고, 어떤 사유로
수사가 개시되었는지 물어보고 메모해 두어야 한다. 어떤 사유로 수사를
받는지도 모른 채 수사를 받는다면 제대로 대응하는 것이 가능하지 않기
때문이다. 경찰로부터 전달받은 혐의 사실은 단지 피해학생이 주장하는 내
용일 뿐이므로 자녀에게 사실인지 아닌지를 확인해 보아야 한다. 그리고
만약 혼자서 대응하기 어렵다면 반드시 전문 변호사의 도움을 받을 것을
권해 드린다. 자신을 전적으로 도와주는 전문가가 곁에 있다는 것은 무조
건 도움이 되는 일이기 때문이다.

2. 수사를 받는 과정에서 해야 할 일

수사를 받는 과정에서 보호자나 촉법소년이 해야 할 일은 혐의 사실을
인정할 것인지를 판단하는 것이다. 이는 굉장히 중요한 문제이다. 혐의 사
실을 부인하는 입장인지, 반대로 혐의 사실을 인정하는 입장인지에 따라
수사 과정에서 대응전략도 달라질 수밖에 없기 때문이다.

혐의사실이 인정되는 경우, 검찰은 선도조건부 또는 교육조건부 기소유
예, 소년보호사건으로 송치, 형사재판으로 기소하는 것 중 하나를 선택하
여 처분을 내리고 종결하게 된다. 선도조건부 또는 교육조건부 기소유예는
그 자체로 사건이 종결되는 것이고, 소년보호사건으로 송치되면 소년재판
이 시작되고, 형사재판으로 기소가 되면 성인과 마찬가지로 형사재판이 시
작되게 된다.

촉법소년이 아닌 미성년자의 경우 어떤 재판을 받게 되는지는 수사기관
이나 법원이 결정하는데, 범죄전력이 남게 되는 형사재판보다는 소년재판

을 받는 것이 당연히 유리하다. 따라서 만약, 촉법소년이 아니라면 적어도 형사재판으로 기소되는 일이 없도록 방어활동을 적극적으로 하여야 한다.

혐의 사실이 인정되는 경우라면 위 검사의 처분 중 가장 가벼운 처분인 선도조건부 또는 교육조건부 기소유예 처분을 받아내기 위해 노력해야 한다. 검찰은 경찰에서의 피의자신문조서 등 조사기록, 변호인의견서, 합의서, 비행전력, 가정환경 등을 종합적으로 고려하여 어떤 처분을 내릴지 판단한다. 그래서 경찰 전화를 받게 되었을 때부터 앞으로 사건을 어떻게 헤쳐나갈 것인지 전문 변호사와 상담하고 일관된 방향으로 대응해 나가는 것이 중요하다.

### 3. 소년보호처분을 내리는 기준

촉법소년이라면 비행사실이 인정될 경우 소년재판을 받게 되고, 촉법소년이 아니라고 하더라도 수사기관이나 법원의 결정으로 사건을 형사재판으로 처리하지 않고 소년재판으로 처리할 수도 있다. 그리고 소년재판은 아직은 미성숙한 나이에 있다는 점 등을 고려하여 소년이 건전하게 성장할 수 있도록 형사처분 대신 소년보호처분이라는 특별조치를 내리기 위한 절차이다. 소년재판은 형사재판이 아니기 때문에 소년보호처분을 받게 되었다고 하더라도 범죄전력이 생기는 것이 아니고, 소년보호처분의 내용도 징벌적 성격의 형벌과는 차이가 크다.

소년재판은 크게 조사단계와 심리단계로 나누어 진행된다. 소년재판은 심리 당일 보호처분을 내리기 때문에 심리단계 전 조사단계가 매우 중요하다. 학생과 보호자는 변호인의 도움을 받는 경우가 아니라면 조사가 어떻게 진행되는지, 조사에 어떻게 임해야 하는지 막막할 수밖에 없는데, 소년재판에서는 다음과 같은 점을 고려하여 판단한다는 점을 참고하면 도움이 될 것으로 보인다.

| 판단요소 | 구체적 고려 사항 |
|---|---|
| 비행(범죄)사실의 내용 | 보호소년의 기존 성행을 고려 |
| 범죄의 위험성(비행반복의 위험성) | 비행반복의 위험성, 향후 교정 가능성을 고려<br>소년의 가정환경, 보호자의 선도능력, 선도의지, 선도계획 등을 고려 |
| 교정가능성(보호처분의 유효성) | 성행의 교정 및 환경의 조정을 통하여 비행반복의 위험성이 개선될 가능성을 고려 |
| 보호상당성(보호처분의 상당성) | 소년의 건전한 성장에 적절하고 상당한 조치인지를 고려 |

# 촉법소년 비행 사례?
# 소년보호재판에서 불처분결정을 받다!

촉법소년 범죄 관련 인기 드라마가 참 많다. 얼마 전만 하더라도 촉법소년이 뭔지 몰랐지만, 드라마 덕분인지, 아니면 내 자식 문제 때문인지 이제는 소년사건 전문 변호사만큼 잘 안다고 생각한다. 드라마를 보면 무슨 애들이 이렇게 잔혹하지라는 생각이 들지만, 촉법소년으로 소년부송치되고, 촉법소년 범죄로 소년재판 받는 일은 그리 대단한 일이 아니다. 내 말은, 드라마에서 나오는 촉법소년 사건 같지 않더라도 소년재판을 받는 일이 빈번하게 발생하고, 소년재판은 평범한 누구나 겪을 수 있는 일이라는 것이다.

중학교 1학년인 아들 녀석이 하나 있다. 늦둥이라 곱게 키워서 그런지 남자다운 면이 부족해 걱정이다. 보통 집에서 핸드폰을 하면서 시간을 보내고, 운동하는 것도 싫어해서 웬만하면 밖에 나가질 않는다. 가끔 같이 산책하자는 말로 반강제로 운동을 시키곤 하였는데, 그것도 중학생이 되니 쉽지 않았다. 내가 나이를 먹어 보니 체력이 정말 중요하다는 것을 절실히 깨닫고 있다. 기왕이면 뼈와 골격이 형성되는 성장기 때 운동 하나쯤은 배우게 시키는 것이 좋겠다고 생각했다.

이 녀석을 어떻게 해야 할까 고민을 하고 있는데, 집 부근 실내운동장에 있는 농구교실이 눈에 들어왔다. 엘리트 운동선수들이 운동하는 곳은 아닌 것 같고, 농구를 좋아하는 학생들이 취미로 배우는 곳 같아 보였다. 혼자서 사전 답사를 다녀왔다. 밀가루처럼 하얗고 삐쩍 마른 체형의 학생들이 많이 보였다. 아들 녀석에게 딱 좋은 것 같았다. 왠지 축구나 야구 같은 걸 시키면 어디 하나 부러지지 않을까 걱정이 되는 녀석이기 때문이다.

아들에게 농구클럽 이야기해 주니 의외로 다녀보고 싶다고 했다. 웬일이지.. 요즘 외모에 관심이 두더니 몸을 키워 보려는 마음이 들었나보다 싶었다. 나도 모르게 습관적으로 다치지 않게 조심하라고 말이 나오려는 것을 겨우 참았다. 아들이 조금은 터프해지길 바라는 마음이었다.

일주일에 3회씩 꼬박꼬박 잘 다니길래 흐뭇한 마음이 들었다. 농구클럽이 얼마 뒤에 있을 지역 농구대회에도 참가한다고 하였다. 클럽 선생님으로부터 아들이 주전 선수로 선발되고 싶어 열심히 연습하고 있다고 전해 들었다. 어느 날 한 학부형의 전화를 받았다. 아들과 같은 농구 클럽에 아이를 보내는 학부형이었다.

지금 병원에 가는 길인데, 우리 아들이 심하게 밀치는 바람에 어깨가 탈구되었다고 하였다. 아이가 많이 다쳤는지 물어보고, 일단은 정말 죄송하다고 했다. 병원에 가서 나오는 치료비를 당연히 보상해 드리겠다고 말씀드렸다.

아들에게 물어보니, 농구시합 중 어깨싸움을 하다가 어깨가 탈구된 거라고 하였다. 나는 있을 수 있는 일이라고 생각하며 대수롭지 않다고 생각했다. 그런데 웬걸... 다친 학생의 학부형이 우리 아들을 형사고소를 하였다. 어이가 없어서 한숨이 절로 나왔다. 여하튼 담당 수사관의 연락을 받고 진술을 하러 경찰서에 갔다. 나는 형사님께 축구하다가 태클하여 발목을 겹지르면 그게 범죄입니까? 야구하다가 투수가 데드볼을 맞추면 그것도 범죄입니까? 말도 안 되는 거라고 이야기하고 집으로 돌아왔다.

얼마 뒤 경찰서에 보낸 우편물이 도착했다. 나는 당연히 무혐의로 잘 끝날 것으로 생각하고 봉투를 열어 보았다. 그런데... 아들이 촉법소년 범죄를 이유로 소년부송치가 되었다는 내용의 통지서였다. 어떻게 이런 결론이 나온 것인지 이해되지 않았다. 우리가 경찰서에서 진술을 잘 못했나? 나는 농구시합을 하다가 어깨를 다쳤다고 소년부송치되어 소년재판을 받게 되는 상황이 도무지 이해되지 않았다. 소년재판 전문 변호사 사무실을 찾아가 소년재판에서는 변호사님의 도움으로 불처분결정을 받았다.

하지만 불처분결정이 있기까지, 아들은 소년부송치 결정 때문에 조사도 받아야 했고, 소년재판 심리기일에 출석도 하여야 했다. 이건 누가 보상해 주는 것도 아니고, 어디에 호소할 곳도 없었다. **특별히 어떤 잘못된 행동을 하지 않았더라도 법원에 갈 일은 생길 수도 있다**는 사실을 알게 되었다. 불처분결정을 받을 수 있도록 애써준 변호사님께 감사한 마음이 들었다.

평범한 이들도 소년재판에 연루될 수 있다.
적극적으로 대응하지 않는다면 억울함에 직면할 수도 있음을 꼭 기억해야 한다.

# 소년분류심사원 간 자녀, 보호자는 어떻게 해야 할까

* 이하는 실제 사례를 각색한 것입니다.

아이의 학교폭력 문제로 교육청에 다녀온 게 얼마 전이다. 하지만 며칠 뒤에 가정법원에도 출석해야 한다. 피해학생 측이 우리 아이를 상대로 형사고소도 진행하여 소년재판도 받아야 하기 때문이다. 우리 아이가 백번 잘못한 일이기에 사죄를 드려 봤지만 피해학생 측은 여전히 우리의 연락을 받지도 원하지도 않았다. 회사를 다니면서 아이의 송사를 챙긴다는 게 너무 힘들었다. 피해학생에게는 정말 미안하지만 솔직히 너무하다는 생각도 많이 들었다. 그때마다 마음을 잡아주고, 오히려 나보다 우리 아이의 미래를 생각해 주는 변호사님이 계셔서 다행이었다.

소년재판을 받던 날, 나는 혼자서 집에 돌아왔다. 소년재판 재판장님이 아이를 소년분류심사원에 위탁하는 결정을 내렸기 때문이다. 법정 내에 있던 경위는 아이를 데리고 갔다. 한 번도 떨어져 지내본 적이 없는 아이인데 호송차를 타고 소년분류심사원에 호송된다고 하였다. 변호사님께 학교폭력의 심각성이 매우 높아 소년분류심사원에 갈 수 있다는 언지를 듣긴 했지만, 막상 실제로 겪어 보니 생각보다 더 충격이 컸다.

변호사님은 소년분류심사원이 기숙사 학교 같은 곳이라고 하셨다. 소년 분류심사원에서는 정해진 일과에 따라 기상해서 세면 및 아침식사를 한 후 학교처럼 오전, 오후 수업을 듣는다고 하셨다. 일반 교과목도 있지만 인성교육과 비행예방교육이 많다고 하였다. 소년분류심사원에는 분류심사관이라는 사람이 있다고도 한다. 이 분류심사관이 소년부 판사에게 분류심사서를 제출한다고 하였다. 변호사님께서는 소년부 판사가 분류심사보고서를 참작하여 소년보호처분을 내리기 때문에 분류심사보고서는 매우 중요한 서류라고 알려주셨다.

부모인 우리들은 주중 오전에만 면회가 가능하였다. 주 2회씩 면회가 허용되는데, 변호인은 그런 제한이 없었다. 변호사님은 접견을 가서 아이에게 분류심사관에게 좋은 평가를 받기 위하여 유의해야 하는 사항을 알려주셨다. 무엇보다 피해학생에게 진심으로 사과하고, 반성하는 모습을 보여주는 것이 중요하다고 하셨다. 분류심사관은 수많은 소년사건의 당사자들을 봐왔기 때문에 거짓말하면 다 걸린다고 생각하라고 하셨다.

변호사님은 부모들도 해야 할 일이 있다고 하셨다. 소년분류심사원의 분류심사관은 위탁소년만 조사하는 것이 아니라 위탁소년의 부모에게도 가정환경이나, 부모와의 관계, 선도의지와 앞으로 선도계획 등을 조사한다고 알려주셨다. 그리고 묻고 답한 것을 분류심사보고서에 기재한다고 하셨다.

변호사님은 주의사항을 알려주셨다. "우리 아이가 원래 착한 애인데 친구를 잘못 만나서 그렇다.", "애들이 다 그러면서 크는 거 아니냐, 해도 너무하다." 등의 말은 절대 하면 안 된다고 조언해 주셨다. 다시는 이런 비행사실이 발생되지 않을 것이고, 소년재판부 판사님이 보았을 때 가정으로 돌려보내도 괜찮다는 믿음을 갖게끔 하는 것이 중요하다고 조언해 주셨다. 그래서 부모는 어떻게 아이를 선도하고 교화시킬지 구체적인 계획과 의사를 보여주는 것이 중요하다고 알려주셨다.

소년재판이 선고되는 날, 아이는 우리와 함께 집으로 돌아갈 수 있었다.

우리 아이가 소년분류심사원에 위탁된 동안 변호사님은 부지런히 의견서를 준비하셨다. 다시는 비행사실을 저지르지 않을 것이고, 부모인 우리가 꼭 그렇게 잘 교육하겠다는 점을 믿을 수 있을 만한 자료도 많이 제출해 주셨다. 그리고 소년재판 당일, 다소 수척해진 아이를 다시 볼 수 있었다. 소년재판부 판사님이 아이에게 소년분류심사원에서의 생활이 어떠했는지, 무엇을 느끼고 반성하였는지 말해보라고 하셨다. 아이는 다소 울먹이며 진심으로 반성하고 있고, 피해학생에게 사과하고, 다시 학교에 나가고 싶다고 말하였다. 나도 모르게 눈물이 나왔다.

소년재판부 판사님은 변호인의견서와 여러 정황을 고려하여 보호자에게 감호위탁을 하고, 수강명령, 단기 보호관찰이라는 처분을 내리셨다.

소년원에 가도 이상하지 않을 사건이었는데... 나는 아이의 손을 잡고 함께 집으로 돌아갈 수 있게 된 것이다.

진심으로 감사한 마음이 들었다. 다신 탈선하는 일이 없도록 하자고, 아들과 손을 꼭 잡고 약속했다.

**TIP**

분류심사관 조사나 보호자 상담을 어떻게 받았는지, 법원에 제출하는 의견서는 어떤 방향으로 작성하였는지에 따라 소년재판의 결과는 얼마든지 달라진다. 소년재판은 보호소년을 선도하기 위한 것이지 행위에 상응한 형벌을 내리는 것이 아니기 때문이다. 따라서 소년사건은 같은 내용의 비행사실이라도 동일한 보호처분이 내려지지 않는다. 전문가의 도움을 받아 소년분류심사원에서 어떻게 생활하여야 하는지 알려주는 것이 필요하다.

Chapter

# 06

## 학교폭력 변호사 시선

# 학교폭력대책심의위원회 위원인
# 변호사가 바라본 학교폭력

　학교폭력 사건의 변호인으로 활동한다는 변호사는 꽤 있지만, 학교폭력 대책심의위원회 위원으로도 동시에 활동하는 변호사는 그리 많지 않다.

　학교폭력대책심의위원회는 철저히 비공개로 진행된다. 어쩌면 당연한 일일 것이다. 아직은 미성숙한 아이들에 관한 일이기에, 미처 결론이 나지 않은 일들로 '학교폭력 가해학생'이라는 낙인을 찍거나, 피해학생의 2차, 3차 피해를 확대시키는 일이 혹여라도 있어서는 안 되기 때문이다. 하지만 이런 절차적인 특수성 때문에 변호사라고 하더라도 학교폭력대책심의위원회 위원이 아닌 경우에는 전혀 알 수 없는 부분들이 많이 있다.

　이는 나도 마찬가지였다. 학교폭력대책심의위원회 위원이 아니었을 때는 학교폭력에 연루된 학생들의 대리인으로서 단지 해당 학생에 대한 학교폭력대책심의위원회의 조사 과정만을 경험할 수 있었다. 사안마다 다르긴 했지만, 증거가 명확하거나, 가해학생이 자백하는 사건 같은 경우에는 해당 학생에 대한 조사 시간이 30분이 채 안 되기도 했다. 이렇게 짧은 시간 동안에 확인할 수 있었던 것은 오직 학교폭력대책심의위원회의 분위기, 위원들로부터 어떤 질문들이 어느 정도 오가는지 하는 정도의 단순한 정보에 불과했다. 하지만 이런 정보들은 사건마다, 또 학교폭력대책심의위원회 소위원회마다 그 성질이 다를 것임이 분명한 단편적인 정보에 불과했기에 이후 사건 진행에 있어서 그리 큰 도움이 되지 못했다.

'학교폭력대책심의위원회 위원들은 어떤 자료들을 얼마나 시간을 가지고 검토하는지, 무엇을 중요하게 보는지, 주의해야 할 점은 무엇인지, 학교폭력대책심의위원회의 전체적인 과정은 어떻게 진행되는지' 등을 명확히 알 수 없고, 또 시중에 떠도는 자료들도 구할 수 없으니, 사건을 준비하며 이모저모 답답한 심정은 이루 말할 길이 없었다.

이런 경험이 있었기 때문일까. 학교폭력대책심의위원회 위원, 또 위원장으로까지 활동하게 되면서 가장 좋았던 점은 철저하게 비공개로 진행되는 학교폭력대책심의위원회의 전반적인 절차에 대해서 명확하게 알게 되었다는 점이었다.

학교폭력대책심의위원회 위원으로 심의절차를 직접 경험하면서, 학교폭력대책심의위원회에 연루된 학생의 변호인이라면 어떻게 자료를 정리하고, 또 어떤 식으로 제출해야 할지가 머릿속에 선명히 그려지기 시작했다. 이후 맡게 된 학교폭력 사건에서 의견서를 작성하고 증거들을 정리하는 방법이 차별화되기 시작했음은 분명했다. 좋은 결과도 당연히 뒤따라왔다. 그리고 이런 절차들을 실제 깊이 경험한 변호사의 숫자가 많지 않다는 사실 때문에 내가 알게 된 지식들을 나눌 수 있는 좋은 기회까지도 얻게 되었다.

오늘은 학교폭력대책심의위원회에 회부된 '성' 사안을 다루는 날이다. 평소보다 더 마음이 무겁다. 먼 길을 운전해 가며 이런저런 생각이 많아졌다. 꽉 막힌 도로에 멈춰서서 옴짝달싹 못 하는 답답한 심정이 어쩌면 학교폭력 사건에 연루된 아이들의 마음과 비슷할지도 모른다는 생각이 들었다.

도무지 빠져나갈 수 없을 것만 같은 숨 막히는 생각이 들더라도, 분명 언젠가 길은 열리기 마련이라는 것. 부디 오늘 학교폭력대책심의위원회에서 사건의 진실을 밝혀낼 수 있기를, 또 합당한 처분으로 아이들과 그 부모님들의 마음에 조금이라도 위안을 선물할 수 있기를 바라본다.

# 드라마 '더글로리'를 보고

　학교폭력 변호사로 일하며 생긴 아침 루틴이 있다. 사무실에 출근하자마자 학교폭력 관련 기사 등을 훑어보는 것이다. 학교폭력대책심의위원회에서 다양한 사안들을 처리하고 있지만, 아무래도 위원장인 내게 배정된 사안에 한해 심의를 진행하고 있어 학교폭력과 관련한 전반적인 동향까지 한눈에 파악하기엔 한계가 있다. 기사를 보면 최근 더욱 문제가 되고 있는 이슈는 무엇인지 등을 한눈에 확인할 수 있어 학교폭력 변호사로서의 업무에도, 사안 처리에도 큰 도움이 된다.

　최근 '학교폭력' 키워드를 검색하면서, 송혜교 주연의 '더글로리'라는 넷플릭스 드라마에 대해 접하게 되었다. 김은숙 작가의 장르 도전과 송혜교의 연기 변신 등을 이유로 이미 상당한 주목을 받고 있었던 '더글로리'는 포브스의 찬사 속에 넷플릭스 글로벌 순위 5위를 기록할 정도로 엄청난 파급력을 자랑하고 있었다.

　이렇게 화제성 넘치는 드라마 '더글로리'는 다름 아닌 학교폭력을 주제로 하고 있었는데, 간단히 요약하자면 이런 내용이다. 고등학교 시절 끔찍한 학교폭력에 시달렸던 피해학생 문동은(송혜교)이 자신의 온 생을 걸고 치밀하게 준비한, 학교폭력 가해학생들에 대한 처절한 복수에 관한 이야기.

이렇게나 큰 이슈를 불러 일으키고 있는 드라마가 학교폭력을 주제로 하고 있다고 하니, 학교폭력 변호사로서 놓칠 수 없는 부분이라는 생각이 들었다. 결국 넷플릭스 멤버십을 재개했다(핑계였을까).

'더글로리' 속 문동은은 박연진, 전재준, 이사라, 최혜정, 손명오에게 지속적으로 심각한 학교폭력을 당하고 있다. 박연진 무리는 동은을 체육관에, 또 동은의 달방에 가둔다. 수치스러운 일을 강요하고, 이를 거부하는 동은의 몸을 뜨겁게 달궈진 고데기와 다리미로 지진다. 소리를 지르며 고통스러워하는 동은의 입을 막겠다고 강제로 입맞춤을 한다. 너무나 끔찍한 일들을 저지르면서도 이들은 오히려 즐겁다는 듯 킥킥 웃어댈 뿐이다.

꼭 학교폭력 변호사가 아니라더라도, 박연진 무리의 행위가 학교폭력에, 또 심각한 범죄행위에까지 해당함은 충분히 알 수 있을 것이다. **피해학생이 자퇴한 경우라 할지라도, 학교폭력이 재학 중에 일어났고, 가해학생이 학교에 다니고 있으므로 학교폭력 신고가 가능한 사안이다**(이 사실을 몰라 학교폭력 신고를 포기했다가, 우리 법인을 통해 사안을 성공적으로 진행한 경우도 많다). 현 시점에서 내가 학교폭력대책심의위원회 위원장으로서 이들의 사안을 맡았다면 학교폭력 관련 5가지 인자인 고의성, 심각성, 지속성, 반성정도, 화해정도에서 모두 최악의 점수가 부여했을 것이고 당연 퇴학처분을 고려했을 것이다.

단체 또는 다중의 위력을 보이거나 위험한 물건을 휴대하고 이를 이용해 사람을 상해한 경우이므로 특수상해죄가 문제가 된다. 감금죄, 협박죄, 강요죄, 강제추행죄까지도 물론 문제되는 사안이다. 학교폭력대책심의위원회 처분과 별개로 형사상 처벌까지도, 민사상 손해배상까지도 이루어져야만 하는 사안이다.

하지만 부모도, 선생도, 심지어 경찰까지도 문동은을 돕지 않는다. 마치 돈이 권력이라는 것처럼, 모두가 소위 '잘 사는' 박연진과 그 무리를 위해 문동은이 당한 피해를 은폐하기에만 급급하다. 부모는 아이 자퇴 사유가 학교폭력이 아닌 부적응인 것으로 합의하기로 하고 돈을 받는다. 돈을 받고 더 이상 본 학교폭력 사안과 관련한 일체의 이의제기를 하지 않겠다는 취지의 부제소합의까지 한다. 아이가 있는 엄마로서 치가 떨렸다. 아직 어리고 여린 문동은이 느낀 고통이 어땠을까.

남편은 이렇게까지 심각한 학교폭력 사례가 실제로 있을 수 있을지 물었다. 믿을 수 없겠지만 더 끔찍하고, 잔인한 일들도 학교에서 벌어진다. 학교폭력 변호사로서 피해학생들로부터 듣기만 했던 이야기들이 마치 영상으로 재현된 것 같아 마음이 아팠다.

'더글로리'를 보면서 내가 하는 일이 그저 단순한 업무가 아님을 다시 한번 생각했다. 학교폭력 변호사라는 일에 대해, 또 학교폭력대책심의위원회 위원장이라는 자리에 대해 조금 더 무거운 마음을 가지게 된다.

# 학교폭력 피해학생과 가해학생이 뒤바뀌다

이런저런 사건들을 경험하며 학교폭력 피해학생이 가해학생으로 뒤바뀌는 경우를 종종 지켜봤다.

해나(가명)는 평소 친하다고 생각했던 아영(가명)이가 친구들과 모여 자신의 험담을 하는 것을 우연히 듣게 되었다. 조별 과제가 엉망이 된 것은 모두 해나 때문이라며 해나는 '제대로 하는 것이 아무것도 없는 멍청한 X'이라고 했다. 심장이 쿵 떨어졌지만 모르는 척 해야 했다. 늘 함께 밥을 먹는 같은 무리의 친구였기 때문이다. 하지만 이후 단체 카카오톡 방에서도 놀림이 시작되고, 은근한 따돌림까지 받게 되면서 해나는 더 이상 견디기가 어려워졌다. 학교에 갈 생각만 해도 식은땀이 날 정도로 상태가 악화되었다. 담임 선생님께 도움을 요청했지만, '네가 예민한 것 아니냐, 작은 일을 크게 만들지 말라'는 답변이 돌아왔을 뿐이었다. 결국 해나는 따돌림을 이기지 못해 학교를 자퇴했다.

해나는 피해학생인 자신이 가해학생 입장으로 뒤바뀌었다는 사실에 대한 고통, 사람에 대한 불신, 공포가 이어지며 치료를 계속 받아야만 했다. 사과조차 받지 못했다는 억울함이 고통을 더 크게 만들었다. 결국 해나는 우리와의 상담을 거쳐 자퇴 후 학교폭력 신고를 진행했다. 자퇴 후에도 신고를 진행할 수 있다는 사실을 알려주어 고맙다고, 꼭 사과를 받고 싶다며 울먹이는 해나를 보며, 학교폭력 피해학생을 가해학생 취급하는 일은 어떤 경우에도 있어서는 안 된다고 다시 한번 생각했다.

　학교폭력대책심의위원회 위원으로서 사안을 심의하다 보면, 자신의 행동을 진심으로 뉘우치고 반성하는 가해학생들도 많이 보게 된다. 일전에는 단 한 번도 이런 일로 부모의 마음을 쓰이게 하지 않았을 모범적인 아이들이 가해학생으로서 심의에 참석하는 모습도 본다. 나 역시 부모이기에 학교폭력 '가해학생'라는 이름으로 조사를 받는 아이들의 모습이나 울먹이는 부모님들의 모습을 보면 안타까운 마음이 든다. 아이들에게 낙인을 찍는 일은 어떤 경우에도 없어야 할 것이다. 억울한 부분이 있다면 전문가의 도움을 받아 억울함을 벗도록 하는 일도 아주 중요한 부분이다. 하지만 만약 정말 잘못한 부분이 있다면, 자신의 잘못을 인정하고, 사과하고, 책임을 지도록 선도하는 일 또한 놓쳐서는 안 될 부분일 것이다.

　학교폭력 피해학생이 오히려 울음을 삼키는 일이 없도록,
　마음껏 눈물을 흘릴 수 있도록,
　부모인 우리 모두가 생각하고 행동해야 할 때이다.

# 학교폭력 사건,
# 변호사를 무조건 선임해야 할까?

"학교폭력대책심의위원회기 열리면 변호사를 무조건 선임해야 하나요?"

가끔 인터넷에 학교폭력 관련 검색을 해보면 이런 질문을 종종 만나게 된다. 결론부터 이야기하자면, "학교폭력 유형에 따라 학교폭력 변호사 선임 없이 해결할 수 있는 사안도 있다"이다. 물론 이런 경우도 학교폭력 변호사 상담을 진행하면 큰 도움을 받을 수 있다.

통상 잘못된 행동을 모두 인정하고 자백하는 사안의 경우, 잘못된 행동에 이르게 된 경위와 관련하여 어느 정도 참작할 사유가 있다는 점, 철저히 반성하고 있을 뿐만 아니라 피해학생과 화해를 위한 노력도 지속적으로 기울여 왔다는 점을 종합적으로만 잘 주장할 수만 있다면 학교폭력 변호사 선임 없이도 어느 정도는 원만한 해결이 가능하다. 특히 스스로가 사건 경위와 관련하여 참작될 만한 사유들이 무엇인지를 잘 분별할 수 있고, 진심 어린 반성의 모습까지도 심의위원들에게 충분히 피력할 수 있다면, 당연히 학교폭력 변호사 상담이나 학교폭력 변호사 선임 없이도 가벼운 처분까지 받을 수 있을 것이다.

하지만 학교폭력 변호사인 나는 다양한 사건들을 처리하면서, 많은 분들이 자신에게 유리한 참작 사유가 무엇이고, 또 불리한 사유는 무엇인지를 분별해 내는 일을 굉장히 어려워한다는 것을 알게 되었다.

초등학생 사안이었다. 가해학생은 학교생활 중 피해학생이 자신을 성가시게 한다는 이유로 피해학생을 때리거나, 욕설하고, 불쾌할 수 있는 메시지들을 보내는 일을 했다. 가해학생은 자신의 행동을 모두 인정하고 있었을 뿐만 아니라 자신의 행동이 잘못되었다는 사실 또한 잘 알고 있었다. 하지만 아직 어리고 미성숙한 초등학생이었기에, 어찌 되었건 자신을 성가시게 했던 피해학생에 대한 억울한 마음 또한 많이 가지고 있었고 이 부분을 학교폭력 학생 확인서에 방대하게 기재해 놓았다. 아이가 미안한 마음보다는 억울한 마음을 더 많이 가지고 있음이 가감없이 보여졌다.

가해학생의 부모님은 아이가 잘못된 행동에 이르게 된 분명한 이유가 있었다는 점을 강조하는 것이 처분에 유리하게 작용할 것이라고 생각했던 것 같다. 피해학생이 아이가 성가실 수 있게 행동한 부분이 있었다는 점을 학교폭력 보호자 확인서(보호자 확인서)에 상당히 많은 부분 기재하셨고, 학교폭력대책심의위원회에서도 위 점을 강조하여 진술하셨다. 하지만 이 부분은 절대로 유리한 내용이 아니었다. 누군가가 나를 성가시게 한다면, 아이를 때리고 욕설을 해도 된다는 것인가? 아무리 미성숙한 아이일지라도 그것은 잘못된 행동임이 분명했고, 따라서 반성의 마음과 태도만을 절대적으로 강조하여 이야기했어야 하는 부분이었다.

학교폭력 변호사 선임까지 이르지 않았더라도, 학교폭력 보호자 확인서나 학생 확인서 작성 단계만에 한해서라도 혹은 학교폭력대책심의위원회 참석과 관련한 시뮬레이션에 한하여서라도 상담을 진행하고 도움을 받았더라면 이 부분과 관련한 분명한 방향을 조언받았을 것이고, 보다 더 유리한 처분을 받을 수 있었을 것이라는 생각에 조금 안타까운 생각이 들었다.

　위 경우와 달리, 변호사 선임 없이 혼자서 진행하기는 절대적으로 어려운 사건 유형들도 있다. 학교폭력 신고를 진행하려고 하는데 피해학생 진술밖에 없다고 생각되는 사안이라던지, 학교폭력에 해당할 뿐 아니라 일반 범죄행위에까지 해당하는 중대한 피해 사안의 경우가 그 대표적인 예가 될 수 있다.

　학교폭력 신고와 형사절차를 동시에 밟는 것이 좋은지, 혹 순차적으로 진행할 필요가 있는지 등을 학교폭력 변호사와의 상담 없이 스스로 판단하는 것은 거의 불가능하고 바람직하지도 않다. 이런 사안들을 혼자 진행하려고 하다가 학교폭력조차 인정받지 못하는 억울한 결과를 마주하기도 하고, 절차 진행이 지연되어 아이가 더 큰 고통에 오래도록 시달리는 경우도 봤다.

　아이를 위한 최선을 선택하기 위해서라도 위와 같은 사안에 해당한다고 판단된다면 학교폭력 변호사 상담을 거쳐 학교폭력 변호사 선임까지를 결정하는 것이 바람직하다고 말씀드리고 싶다.

# 학교폭력대책심의위원회
# 변호사 사용자 가이드

* 이하는 실제 사례를 각색한 것입니다.

'아들 친구를 내가 선택해 줄 수 있는 것도 아니고...'

생각할수록 억울했다. 이 모든 일이 도현(가명)이와 아들이 베프가 되면서 벌어진 일 같아서 도현이가 한없이 미웠다.

아들은 내성적이었다. 요즘 친구들이 좋아하는 MBTI 검사를 하면 내향적 성향(I)이 90% 이상 나올 만큼, 아주 많이 내성적인 성향의 아이였다. 누군가를 만나는 일을 다른 누구보다도 힘들어하는 아들이었다. 혼자 있을 때 비로소 충전된다며 입버릇처럼 말하던 아이였지만, 엄마인 나는, 사실은 아들이 또래들과 어울리고 싶어 한다는 사실을 누구보다도 잘 알고 있었다. 남편의 발령으로 전학을 시켜야 했을 때, 아들의 학교 적응 문제가 그 무엇보다도 마음에 걸렸다. '혹 지금보다도 더 혼자만의 세계 속에 고립되어 지내게 되는 건 아닐까' 마음 졸이는 나날들이었다.

그래서 아들이 베프가 생겼다는 이야기를 했을 때, 하늘을 날 듯이 기뻤다. 하지만 기뻤던 날들도 잠시, 나는 얼마 지나지 않아 같은 반 학부모로부터 전화 한 통을 받게 되었다. 아들의 베프인 도현(가명)이가 자신의 아이에게 자꾸만 성적으로 수치스러운 이야기들을 계속한다는 것이었다. 이제는 도무지 참을 수가 없어 문제를 삼으려는데, 아이 말로는 도현이의 곁에 늘 함께 있었던 아들도 그때마다 분명 자신을 비웃었던 것 같다고 이야기를 했다는 것이었다.

심장이 쿵-하고 내려앉는 느낌이었다. 전학을 온 아들은 친구가 아직 도현이 밖에 없다고, 그래서 아마 그저 옆에만 있었을 뿐일 거라고, 아들은 절대로 그런 아이가 아니니 아이에게 다시 한번만 더 잘 물어봐 달라고. 어머니를 설득하기 위해 진땀을 뺐다. 하지만 돌처럼 강경해진 마음은 돌아서지 않았고, 결국 올 것 이 왔다. 학교폭력대책심의위원회가 열린다는 통지서를 받게 된 것이었다.

조용하기만 한 우리 아이가 학교폭력이라니...

학교폭력대책심의위원회 통지서를 받은 날부터는 도무지 잠을 이룰 수가 없었다. 어떻게 해야 아이의 누명을 벗길 수 있을까, 수험을 치르듯 인터넷 검색을 했다. 학교폭력대책심의위원회 변호사를 선임하지 않으면 억울함을 벗지 못해 부정적인 결과를 받아볼 수도 있다는 이야기를 여기저기서 보게 되었다. '아이들 문제에 변호사까지 선임해야 하는 걸까, 혹 내가 일을 더 키우는 것은 아닐까' 고민이 깊어져만 갔다.

종종 학교폭력 사건에 변호사를 꼭 선임해야 하는지 고민이라는 학부모 님들의 이야기를 듣는다. 이런 분들을 위해 '학교폭력대책심의위원회 변호 사 사용자 가이드'라는 제목의 글을 꼭 한 번 작성해 보고 싶었다. 이번 글 은 학교폭력 사건이 있을 때, 또 학교폭력대책심의위원회가 열렸을 때 변 호사를 꼭 선임해야 하는지, 그리고 선임해야 한다면 어떤 변호사를 선임 해야 하는지 등을 통상의 사용자 가이드처럼 한번 간략히 정리해 보았다.

## 1. 변호사를 왜 선임해야 할까

학교폭력 피해학생의 경우, 내가 어떤 피해를 당하였는지에 대해 적극 적으로 학교폭력 신고를 할 필요가 있다. 학교는 번거로운 일을 만들고 싶 어 하지 않는다. 때문에 학교가 알아서 잘 처리해 주겠지라고 안일하게 기다리다가는 원하는 결과에 이르지 못할 가능성이 높다. 변호사를 선임하여 문서를 통해 학교폭력 신고를 진행한다면, 학교폭력대책심의위원회 위원들이 가장 중요하게 생각하는 전담기구 사안조사보고서에 조목조목 나에게 유리한 사실들을 남길 수 있어 원하는 처분을 끌어내는 데 큰 도움을 받을 수 있다.

학교폭력 가해학생의 경우도 마찬가지이다. '선생님께 잘 설명했기 때문에, 알아서 억울함이 없게 해주실 거라고' 이야기하시는 분들이 많다. 하지만 선생님은 그 누구의 편도 아니다. 특히 가해학생으로 지목된 학생의 편에서 그 이야기에 힘을 실어줄 가능성은 더 낮다. 유리한 증거, 유리한 상황에 대한 설명을 역시 전담기구 단계에서부터 보고서에 남기는 것이 중요하다. 사안에 따라서는 합의 단계에서부터 변호사의 조력을 받아 학교장 자체 종결처리로 사안을 원만히 마무리할 가능성도 크기 때문에 상담이라도 받아보는 것이 도움이 된다.

2. 학교폭력대책심의위원회 경험이 풍부한 변호사를 선임해야 하는 이유
학교폭력대책심의위원회는 철저히 비공개로 진행된다. 그 당연한 결과 변호사라 하더라도 학교폭력대책심의위원회 위원으로서 학교폭력대책심의위원회의 처음부터 끝까지를 직접 경험해 보지 않았다면, 학교폭력대책심의위원회에 대해 알지 못하는 부분들이 많을 수밖에 없다. 따라서 학교폭력 사건에서 변호사를 선임한다면, 반드시 학교폭력대책심의위원회 경험이 풍부한 변호사를 선임해야 한다. 가장 강조하고 싶은 부분이다. 학교폭력대책심의위원회 위원들이 심리 중 어떤 것들을 가장 중요하게 생각하는지, 어떤 질문들을 어떤 의도로 던지는지, 처분 결과에 가장 큰 영향을 미치는 사항은 무엇인지 등을 잘 알고 있는 변호사를 선임한다면 내 아이를 위한 최선의 결과에 더욱 가까워질 수 있다.

## 3. 변호사를 선임하고, 상담할 때 필요한 준비물

변호사는 누군가의 대리인이 될 수 있을 뿐, 사건의 당사자가 될 수는 없다. 따라서 사실관계에 대해서는 당사자인 우리 아이가, 또 부모인 내가 누구보다도 상세히 정리하여 이를 변호사에게 전달할 필요가 있다.

학교폭력대책심의위원회 변호사 사용자 가이드의 마지막은, 변호사를 선임하기 위한 미팅을 앞두고 있는 경우 '언제, 어디서, 어떤 사건이 있었는지, 이를 입증할 증거자료로는 어떤 것들이 있는지(SNS 캡처 사진, 목격자 진술, CCTV, 통화 내역 등)'를 이왕이면 상세하게 메모하여 지참하는 것이 아주 큰 도움이 된다는 것이다. 이 경우에는 2차, 3차 회의 시간을 축약하여, 더 이른 시일 안에 변호사의 사건 개입을 통한 도움을 받을 가능성이 상당히 높아지게 된다.

# 학교폭력 가해학생도
# 피해학생이 될 수 있다

"변호사님, 정말로 도훈이를 다치게 하려는 마음은 없었어요. 순간 약이 올라서 감정을 컨트롤하지 못하고 실수한 건데.. 도훈이하고 사과하고 예전처럼 친구로 지내고 싶어요."

가해학생 학생과 상담 중 학생이 눈물을 흘리며 이야기를 이어갔다. 문득 내가 어렸을 때 생각이 난다. 남자아이들끼리 서로 말싸움하다 약이 올라 가끔은 발차기도 하고 또 그러다 사과하고 언제 그랬냐는 듯이 다시 베프가 되기도 했었다. 내가 학교 다닐 때도 학교폭력 신고라는 게 있었는지도 모르겠다. 남자애들은 다 그렇게 싸우기도 하면서 우정을 쌓아간다고 생각하는 분위기가 있었다.

민재와 도훈이는 초등학교 때부터 베프로 유명했다. 원래부터 친했던 것은 아니었다. 민재는 축구광이었고 엄마를 조르고 졸라 축구교실에 들어갔다. 거기서 도훈이를 만났다. 둘 다 축구광이다 보니 축구교실에서는 늘 묘한 긴장감과 경쟁심이 있었고, 그러다 보니 종종 다투는 경우도 있었다. 그러나 두 사람이 한 팀이 되어 축구를 할 때면 환상의 호흡을 보여줬다. 눈빛만 봐도 원하는 것을 알았고, 함께 축구대회에 나가 준우승을 한 경험도 있었다. 그렇게 두 사람은 세상에 둘도 없는 친구가 되었고, 두 사람의 부모님도 서로의 아들처럼 두 친구의 우정을 예쁘게 바라봤다.

도훈이는 초등학교 6학년쯤 되자 키가 훌쩍 자라기 시작했지만 민재는 그렇지 못했다. 도훈이는 축구부가 있는 중학교로 진학하여 엘리트 축구선수 코스를 밟았고, 민재는 축구를 그만두고 일반 중학교로 진학하였다. 그러다 우연히 운동장에서 다시 축구를 같이 하게 되었다.

민재는 옛날 생각하며 발재간을 부려봤지만, 자신보다 키도 훨씬 커지고 엘리트 축구를 시작한 도훈이에게 상대가 되지 않았다. 도훈이도 격차가 이렇게 벌어진 줄을 몰랐고, 마치 어린애와 축구하듯이 민재를 놀렸다. 민재는 자존심이 상했다. 욱하는 마음에 도훈이를 힘껏 밀자 도훈이가 넘어지면서 골대에 머리를 박았다. 티셔츠가 다 젖을 정도로 코피가 났고, 병원에 가보니 코뼈가 부러졌다고 한다.

도훈이 부모님이 난리가 났다. 민재가 샘이 나서 일부러 한 행동이라고 생각했다. 민재의 부모님도 난리가 났다. 애들이 축구하다가 그럴 수 있는 건데, 민재가 열등감을 느껴서 일부러 한 것처럼 몰아가니 내 자식은 내가 지키겠다며 두 눈에 핏대를 세웠다. 두 사람보다 부모님 간의 싸움이 시작된 것이다.

도훈이 부모님이 진단서를 발급받아 왔다. 그리고 학교폭력 신고도 하겠다고 하셨다. 민재의 부모님은 변호사를 선임해서 방어할 것이라고 응수했다. 이제는 나도 말릴 수가 없다. 왜냐면 피해학생의 2주 이상 진단서가 제출되면 학교 단계에서 자체적으로 끝내는 게 불가능하고, 학교폭력 심의가 열려야 하기 때문이다. 학교폭력 심의가 열린다는 것은 학교폭력에 해당하는지 아닌지에 대한 결정이 내려져야만 문제가 끝난다는 것이기도 하다.

학교폭력 심의가 열렸다. 민재가 욱해서 미는 바람에 도훈이에게 상해가 발생했다는 사실은 **빼도 박도** 못한 상황이다. 심의위원들은 학교폭력에 해당한다고 결정을 내릴 수밖에 없는 상황이다. 안타까운 마음이 들었다. 씁쓸하기까지도 했다. 정작 당사자인 민재와 도훈이는 서로에 대한 앙금이 없었다. 민재는 충분히 반성하고, 도훈이도 민재를 미워하는 마음이 전혀 없다. 두 사람은 충분히 친구 사이로 돌아갈 수 있었지만, 부모님들 때문에 그럴 수 없을 것 같이 보이기도 했다. 이러려고 학교폭력 제도가 있는 것은 아닐텐데.

학교폭력 신고 전에 한 번 고민은 해 봐야 한다. 학교폭력으로 처벌받게 하는 것이 꼭 해결책이 아니라는 것을.

# 학교폭력 연예인 미투 논란에 대한 변호사의 생각

가끔 TV 드라마를 보면서 호감을 느끼게 된 배우가 과거 학교폭력 가해학생이었다는 이야기를 접할 때가 있다. 이런 이야기를 들으면 'TV 속 모습은 모두 포장된 가짜 모습이었나' 하는 생각에 조금은 씁쓸해진다.

학교폭력 가해학생이었다는 사실이 폭로된 배우는 자숙하겠다며 프로그램에서 스스로 하차하거나, 거세지는 비판과 논란으로 강제 하차를 당하기도 한다. 이런 일련의 과정을 통해 자신의 지난 시간을 진심으로 반성하고 뉘우치는 배우들도 있을 것이고, 오히려 학창시절의 일을 왜 이제와 끄집어 문제삼는 것이냐며, 억울한 심정을 갖는 연예인도 있을 것이다.

논란에 대해 당사자가 어떤 반응을 보이는지, 어떤 해명을 하는지 등도 많은 사람들의 관심 대상이지만, '이미 성인이 된 이후에도 학교폭력을 이유로 처벌을 받을 수 있을까'라는 부분도 많은 사람이 궁금해하는 내용 중 하나인 것 같다. 꼭 연예인 학교폭력 미투 논란과 관련해서가 아니더라도, 상담 중 빈번히 받게 되는 질문 중 하나이기도 하다.

성인이 된 이후라 할지라도 문제 된 학교폭력 행위와 관련한 공소시효가 도과되지 않은 경우라면 형사처벌을 받게 할 수 있다. 예를 들어 고등

학교 1학년 때 친구로부터 폭행을 당하는 아픔을 겪었다면, 폭행죄의 공소
시효는 5년이므로 성인이 된 이후에도 위 학교폭력을 문제로 삼아 상대방
을 처벌까지 받게 할 수도 있을 것이다.

　하지만 성인이 된 이후 남아있는 기간은 그리 길지 않거나, 이미 공소시
효가 도과된 경우가 대부분이다. 또한 증거 등이 소실되거나 희미해진 상
황에서 그 피해사실을 구체적으로 입증하는 것 자체가 쉽지 않은 일이므
로, 많은 학교폭력 미투는 학교폭력 가해학생을 형사처벌까지 받게 할 목
적이라기보다는, 그저 심적으로라도 내가 받았던 고통을 조금이라도 느껴
봤으면 하는 마음에서 이루어지는 것이 아닌가 하는 생각이다. 학교폭력의
상처가 성인이 된다고 해서 모두 깨끗이 치유되는 것은 아니니까 말이다.

　반면, 연예인 학교폭력 미투 논란이 사실이 아닌 것으로 밝혀지는 경우
도 있다. 확인되지 않은 내용, 과장된 이야기 등을 바탕으로 폭로된 학교
폭력 미투도 종종 있기 때문이다. 이렇게 학교폭력 미투의 내용이 사실이
아닌 경우에도 이미 일파만파 퍼져 버린 소문을 일일이 바로잡기란 쉬운
일만은 아니다.

　대중의 긍정적인 관심이 무엇보다 중요한 연예인으로서는 앞으로의 활
동에까지 아주 치명적인 영향을 받을 수도 있을 것이다. 당연히 경제적인
손실도 뒤따르기 마련이다. 이런 어려움을 겪은 경우라면 허위 사실을 기
반으로 한 학교폭력 미투를 문제삼아 명예훼손 등 형사고소 진행, 민사상
손해배상청구 등을 검토해 볼 수 있을 것이다.

　학교폭력 미투 논란은 꼭 연예인에 한하지만은 않는다. 고등학교를 진
학한 후, '쟤 초·중학교 때 학교폭력 가해학생이었다더라'라는 친구의 잘못
된 미투 폭로로 인해 따돌림까지 당하게 된 학생도 있었다. 이렇게 허위사

실을 유포하고, 따돌림을 시키는 행위야말로 진짜 학교폭력 행위에 해당한다. 이런 일을 당했다면 사실확인서, 카카오톡 등 캡처자료, 통화내역, 진술서 등을 바탕으로 그 피해사실을 일관되게 진술하고 입증함으로써 학교폭력을 인정받을 수 있다.

 학교폭력 미투로 인한 파장은 가해학생에게도, 피해학생에게도 미칠 수밖에 없다. 학교폭력 피해학생의 경우에도 과거의 일을 끄집어 내어 구체적으로 떠올리는 것이 고통스러울 수밖에 없기 때문이다. 그렇기에 더더욱 학교폭력이 발생한 바로 그 시점에, 가해학생이 자신의 행위에 대한 적합한 처분을 받도록 하고, 피해학생은 피해에 대한 정당한 보상과 사과를 받을 수 있도록 하는 것이 무엇보다도 중요한 것 같다. 그래야만 상처를 회복할 시간도, 온전히 나만을 생각할 수 있는 시간도 더 늘어날 수 있을 테니까 말이다.

# 학교폭력 전문 변호사가 바라본
# 학교폭력 유형

학교폭력대책심의위원회 위원장이자 학교폭력 전문 변호사로서 바라본, 최근 가장 빈번했던 학교폭력 유형들을 정리해 보고자 한다.

다수의 학교폭력 사건을 처리하다 보면 학교폭력 유형도 트랜드가 있다는 점을 알게 된다. 예전 학교폭력 유형은 신체폭력, 언어폭력이 가장 많고, 사이버폭력이 그 뒤를 이었던 것 같은데, 요즘 학교폭력 유형은 사이버폭력이 가장 많고, 신체폭력과 언어폭력은 상대적으로 그 비율이 감소한 것으로 보인다. 경험상 최근 가장 빈번했던 학교폭력 유형을 순위로 매겨 보면, 사이버폭력 → 언어폭력 → 신체폭력 → 따돌림 → 강요 → 성폭력 순인 것 같다. 대부분의 학생들은 스마트폰을 가지고 있기 때문에 학교폭력 유형 중 사이버폭력의 비율이 높아지는 경향은 계속될 것으로 보인다.

사이버폭력의 유형도 매우 다양해졌다. 학생들은 예전 부모세대와 달리 학교생활이 학교나 학원이라는 물리적 공간에 한정되지 않는다. 달리 말하면, 학교폭력 피해학생은 스마트폰을 이용한 가상의 공간에서 24시간 내내 자유로울 수가 없는 것이다. 카카오톡 등 SNS를 이용한 언어폭력은 물론이고, SNS 앱에 조건만남 허위 게시물을 유포하거나 배달 앱에서 음식을 주문한 뒤 대면결제를 강제하는 일도 있고, 전동 킥보드나 공유 자전거 등을 피해 학생의 스마트폰으로 결제하게 하는 경우도 있다.

'학교폭력 대응 팁'

학교폭력 피해학생이 학교폭력에 대응하는 가장 좋은 방법은 학교폭력 신고이다. 학교폭력 가해학생은 피해학생이 학교폭력을 용인하고 방관할 수록 더욱 대담해지고, 어느 순간에는 자신이 학교폭력을 가하고 있는 것 조차 인지하지 못하게 된다. 학교폭력 심의 위원장으로서 심의를 진행하다 보면, 가해학생은 정작 학교폭력을 가한 사실을 전혀 기억하고 있지 못한 경우를 자주 목격하게 된다.

학교폭력 피해학생은 자신이 당한 학교폭력 사실을 정리해 보아야 한 다. 그리고 각각의 사실관계에 대응하는 증거자료를 모아두어야 한다. 학 교폭력 심의위원장을 비롯한 심의위원들은 학교폭력 사건의 현장에 있지 않았기 때문에 학교폭력 피해학생이 주장하는 피해사실을 객관적인 자료 를 통해서 확인할 수 있어야 하기 때문이다. 신체에 상해가 발생하였으면 사진이라도 찍어 놓고, 사이버폭력의 경우 스마트폰에 저장된 대화내용이 나 결제내역 등을 잘 수집해 놓아야 한다.

또한, 카카오톡, 페이스북 메신저와 같은 SNS에서의 대화내용은 별도로 저장을 해 두어야 한다. SNS의 경우 대화내용이 휴대전화 자체에 저장되 는 것이 아니라 서버에 저장되기 때문에 나중에 대화방을 나가게 되면 대 화내용을 복구하는 것이 사실상 불가능하기 때문이다.

# 마치며

　학생의 치유라는 관점에서 늘 진지하게 고민하며 일한다. 피해학생의 치유, 가해학생의 반성과 성숙이 김다희, 장권수 변호사의 학교폭력 전담팀이 지향하는 바이기도 하다.

　일방적으로 잘못한 사안이 아니라 쌍방 학교폭력으로 보이는 사안의 경우에도, 함께 학교폭력으로 신고하여 사안을 쌍방 사안으로 만드는 것을 만류하는 때도 적지 않다. 감정의 골이 깊어져 화해가 어려워지고, 결국 모두에게 학교폭력 전력이 남는다면, 서로에게는 상처밖에 남는 것이 없을 것이다. 그리고 그 상처는 평생 지워지지 않을지도 모른다.

　학교폭력대책심의위원회 심의위원을 해보면 학생들이 부모님께 솔직하게 말을 하지 못하는 경우가 많다는 것을 알게 된다. 피해학생은 부모님이 속상할까 봐 자신의 이야기를 털어놓지 못하는 경우가 많고, 가해학생은 부모님을 실망시킨 것이 죄송스러운 마음에 사실대로 이야기를 하지 못하는 경우가 많다.

　부모님을 사랑하고, 또 부모에게 사랑받고 싶은 착하고 여린 마음을 가진 학생들이 더 많다. 학생들의 순수한 마음이 엿보일 때마다, 학교폭력대책심의위원회 심의 과정이 성장과 배움, 그리고 치유의 계기가 될 수 있기를 간절히 기도하게 된다. 그리고 그 과정을 함께 걸어갈 부모님께, 이 책이 조금이나마 도움이 될 수 있기를 간절히 바라본다.

## 공저자 약력

### 김다희 변호사

연세대학교 법학과, 동 대학 법학전문대학원을 졸업하고 변호사가 된 뒤 대형 로펌에서 다양한 유형의 소송 및 자문 업무를 처리해 왔다. 제너럴리스트로서의 변호사도 좋지만, 보다 사명감을 가지고 일할 수 있는 분야가 있으면 좋겠다고 생각하던 도중 '한 아이의 엄마'가 되었다. 아이를 키우며 자연히 학교폭력 사건에 대한 관심을 가지게 되었고, '학교폭력대책심의위원회의 위원장'으로 활동하게 되었다. 현재는 '법무법인 지온 파트너 변호사'이자 '대한변호사협회 인증 학교폭력 전문 변호사'로서도 활동하면서 학교폭력에 연루된 학생들과 부모님들에게 직접적인 도움을 주는 일을 하고 있다. 학생들을 만나는 일이 좋아 바쁜 시간 중에도 '변호사 명예교사', '진로직업체험지원센터의 변호사 멘토' 등으로도 활동하며 다양한 강연활동을 병행하고 있으며, 글로 위로를 전하는 일에도 관심을 가지고 『이만하면 다행인 하루』라는 에세이를 출판하기도 하는 등 다채로운 활동들을 이어나가고 있다.

### 장권수 변호사

초등학생 때부터 고등학생 때까지 야구선수로 지냈다. 20살에 처음 공부를 시작하여 1년 만에 가톨릭대학교에 입학했고, 법학과를 수석으로 졸업했으며, 사법시험에도 합격했다. 대형 로펌에서 다양한 경력을 쌓은 뒤 동료 변호사들과 함께 법무법인 지온을 설립했다. 현재는 '법무법인 지온 파트너 변호사'이자 '학교폭력' 및 '형사법' 분야 대한변호사협회 인증 전문 변호사로서도 활동하고 있다. '학교폭력대책심의위원회 위원장', '학교폭력심의위원회 법률전문가', '수원과학대학교 교원징계위원회 위원', '학교법인 해청학원 이사', '스포츠윤리센터 정책자문위원'을 역임하며 그 전문성을 발휘하고 있다.

각 QR코드를 스캔하시면 해당 링크로 연결됩니다.

블로그

유튜브
(유튜브에서 '학교로TV' 검색)

홈페이지

부모가 읽어야 할 학교폭력 A to Z
## 도와줘요 엄마, 아빠

| | |
|---|---|
| 초판발행 | 2023년 11월 15일 |
| 지은이 | 김다희·장권수 |
| 펴낸이 | 안종만·안상준 |
| 편 집 | 윤혜경 |
| 기획/마케팅 | 김한유 |
| 표지 일러스트 | 이희은 |
| 표지디자인 | 이은지 |
| 제 작 | 고철민·조영환 |
| 펴낸곳 | (주) **박영사** |
| | 서울특별시 금천구 가산디지털2로 53, 210호(가산동, 한라시그마밸리) |
| | 등록 1959. 3. 11. 제300-1959-1호(倫) |
| 전 화 | 02)733-6771 |
| f a x | 02)736-4818 |
| e-mail | pys@pybook.co.kr |
| homepage | www.pybook.co.kr |
| ISBN | 979-11-303-4553-6  03360 |

정 가    13,000원